U0910981

# The Queen Of Katwe

# 黑与白的奇迹

〔美〕蒂姆·克罗瑟斯 著 宋琦 译

南海出版公司

新经典文化股份有限公司
www.readinglife.com
出　品

致阿提克斯和索耶，

乌干达的孩子们，还有全世界的孩子们

# Contents | 目 录

# 楔 子

她赢了关键的一局，却不知道这一局为什么关键，也没人告诉她，于是她就接着下棋，跟平时训练一样。她不知道自己已经获得参加国际象棋奥林匹克团体赛的资格。她不知道什么是国际象棋奥林匹克团体赛。她更不清楚几个月之后自己要坐飞机到遥远的俄罗斯中部城市汉特 - 曼西斯克去参加这个比赛。俄罗斯在哪儿，她没有概念。知道俄罗斯在哪儿之后，她只问了一个问题：“那里很冷吗？”

跟她一起参加国际象棋奥林匹克团体赛的还有九名队员，都是二十多岁的年纪，比她大了起码十岁。虽然大家跟她相处已有一段时间，又一起坐了二十七个小时的飞机，横跨半个地球来到西伯利亚，却没有人知道这个小女孩来自什么地方，也没人了解这个小姑娘内心的渴盼。对菲奥娜·穆特希来说，她来自什么地方，最好不要对人提起。

亲爱的妈妈[1]：

我到机场了。我非常开心到机场。这是我第二次离开家。我刀（到）机场的时候，我还有点害怕，因为我要跟全世界最厉害的棋手下棋。然后我跟朋友们还有我的兄弟们挥手告别。有几个人哭了，因为我要走了，他们会想我。然后他们祝我好运。他们跟我说会为我祈祷。然后我们登上了飞机，从乌干达飞到肯尼亚。飞机一下子就飞到了天上。我看到了票（漂）亮的云彩。这次我感觉好像上了天堂。我请上帝保护我，因为，我算老几啊，怎么能坐这么大的飞机呢？肯定是上帝的功劳。我们很安全地刀（到）肯尼亚了。我非常累，他们给我块蛋糕，看起来像面包。我从来没有长（尝）过，不过味道很甜，我喜欢吃。

我们又豆（登）上了一个飞机到迪拜去，这个飞机非常大。然后他们给我们吃十分多的吃的。我特别饿。我向上帝祷告请他保护我。他真的保护我了。我们很安全地刀（到）了。跟我一起来的人让我惊喜。他们都像我的父母一样。他们对我很好，教练对我也很好，就跟我是他的小包包（宝宝）一样。我从没指望过这样。这就是我的第一天。

我们刀（到）迪拜之后，情况就变了。大家都各顾各的。之后，我们登上了最后一架到俄龙沙（俄罗斯）去的飞机。我们都祈祷能安全刀（到）。飞机飞上天。这次飞得离地特别远。我觉得这次

①译者根据原文中出现的拼写错误和表达问题进行了相应处理。

我是真的生（升）上天堂了。云彩很票（漂）亮。他们给我吃的东西，我从来都没见过，吃起来也不太好吃。我觉得很难受。想吐。然后我们安全刀（到）了。机场有人欢迎我们。

然后他们带我们去住的房间。

二〇一〇年九月十九日

二〇一〇年，第三十九届国际象棋奥林匹克团体赛的开幕式在一个冰上运动场举行。菲奥娜从来没有见过冰。运动场里激光灯光如梦似幻，打扮成猛犸象的人和舞蹈演员站在透明罩子里，还有好多人装扮成国际象棋的棋子，有后，有象，有兵，绕着放在冰场上的一个巨大棋盘慢慢走着。菲奥娜好奇地盯着眼前的一切，张开双手捂住脸，好似闯入了奇妙乐园的小女孩。她问别人这里是不是每天晚上都这么热闹，回答是，不，这个运动场主要用来举行冰球比赛、音乐会和马戏表演。什么是冰球比赛，什么是音乐会，什么是马戏表演，菲奥娜一头雾水。

她回到酒店。酒店楼高十五层，是迄今为止她到过的最高建筑。乘电梯上行时，她头晕目眩，全身颤抖，好像坐的不是电梯，而是游乐场的过山车。站在房间窗户旁，她往窗外看了足足有半个小时，惊奇地发现从六层楼高的地方往下看，地面上的人居然变得那么小。接着，她洗了个长长的热水澡，好像要尽最大努力洗掉身上贫民窟的味道，家的味道。

第二天下午，她来到比赛场地。比赛在一个巨大的室内网球场进行。放眼望去，球场里摆放着几百张簇新的棋盘，闪闪发光，沿网球场底线一字排开。一到赛场，她就注意到，参加本次比赛的选手共有一千三百多名，来自一百四十一个国家，十四岁的自己差不多算是年龄最小的选手了。有人跟她说，这场盛会齐聚了全世界最顶尖的棋手，这话听得她紧张不安。自己不也是最优秀的棋手吗？否则怎么可能代表自己的国家乌干达来这里参赛。可是，她的对手却不再是卡推的孩子们，而是眼前这些成年女选手。第一局比赛快开始了，还在学习英语的她一边努力地找自己的位置，一边暗暗思忖："这是我该来的地方吗？"

开局对手是加拿大国手蒂娜·卡格玛诺夫。卡格玛诺夫出生于阿塞拜疆的首都巴库，巴库也是前国际象棋世界冠军加里·卡斯帕罗夫的故乡。卡格玛诺夫六岁就跟着祖父学棋，这是她第三次参加奥林匹克团体赛。二十四岁的她第一次参加国际象棋精英赛的时候，菲奥娜还没出生呢。她们两个，一方是白人，手执黑棋，一方是黑人，手执白棋，几乎没有任何相似之处。

卡格玛诺夫看出菲奥娜没有经验，因此开局就设陷阱诱她入局，并因之获得了兵型上的优势。菲奥娜的屁股只沾着椅子边，整个上半身朝前趴在棋盘上，跟平时下棋的姿势一样咄咄逼人，双手紧紧按住额头，好像要用意念操控棋子到更好的位置上去。菲奥娜执拗地尝试了一次又一次，却始终无法挽回最初犯下的错误。尽管输了比赛，她的表现却让赢的一方印象深刻。"她就像一块海绵，"卡格玛诺夫说，"不管在比赛中传递给她什么样的信息，她都全盘接收，并且转头就拿同样的策略对付你。每个人都能学会如何走一步棋，也能学会如何见招拆招，可是菲奥娜不同，她这么小的年纪就知道分析和推理，对于棋手来说是不可多得的天赋。这种天赋会助她成为非常出色的棋手。”

亲爱的妈妈：

我以耶稣几度（基督）之名问侯（候）你。我写这封信是想告诉你这方（里）天气不好，早上一直下雨，特别冷。我什么都不想吃。这里的饭我吃不习惯。一刀（到）吃早饭的时间，我就感觉恶心，感觉想吐。不过还是向上帝祈祷我能好一些吧。这方（里）也有让我开心的事。虽然我第一局输了，可是大家还是送了我好多礼物。不过我一定会迎（赢）的，我向你保证，妈妈。我的教练鼓力（励）我下一局会表现很好。不过我相信自己不会让他失忘（望）的。我要尽最大努力。我相信自己能迎（赢）后边五局，虽然对手很强。我跟上帝祷告，希望我的诺言能够实现。我疯（奉）耶稣之名倒（祷）告，阿门。

二〇一〇年九月二十一日

能来参加比赛是菲奥娜的幸运。乌干达女队以前从来没有参加过国象奥赛，因为政府没钱让女队参加。今年，国际象棋官方组织——国际象棋联合会（FIDE）的主席为了在选举连任时赢得乌干达的一票，同意为乌干达全部参赛队员提供经费支持。菲奥娜就需要这样的意外之喜。

比赛的第二天，她早早来到赛场，想要好好感受赛场上的一切。众多女选手打扮各异，有身穿长袍的阿富汗选手，穿着纱丽的印度选手，还有身披斗篷、头戴黑色圆顶礼帽的玻利维亚选手。场内居然有一个盲人选手，看不见的话该怎么下棋呢？菲奥娜很好奇。她还看到一个伊拉克选手突然跪了下来，面朝一个叫麦加的地方开始祈祷。

她朝自己的桌子走去，却被警卫拦了下来，要求她出示证件证明她真的是参赛选手。或许是她看起来年龄太小，或许是她的头发剪得太短，又或许是她身上穿着过于宽大的毛衣和松松垮垮的运动裤，乍一看，她还真会被认成男孩子。

第二场比赛的对手是来自中国台湾的林俞彤。趁着比赛还没开始，菲奥娜一下子脱掉了脚上穿的运动鞋，平时下棋她可从来没穿过鞋子。林看起来恬淡安静，双眼专注地盯着棋盘，好像对面的菲奥娜根本就不存在。比赛进行到中间，菲奥娜犯了一个战术上的错误，丢掉了两个兵。过了一会儿，林也犯了相似的错误，可是菲奥娜当时却没觉察，等到发现的时候已经晚了，她失去了反败为胜的绝佳时机。从那一刻起，菲奥娜就心事重重地凝视远方，几乎不去看棋盘上剩下的几颗棋子，垂头丧气地走完了剩下的几步棋，每一步都在对手意料之中。她知道，自己输掉了本该稳赢的一场比赛。

菲奥娜离开座位，径直跑到停车场。罗伯特教练交代过不让她单独离开，可是她不管不顾，坐上班车返回酒店，跑到房间，把头埋在枕头里号啕大哭，特别孩子气。那天晚上，教练试着安慰悲痛欲绝的菲奥娜，一点用都没有。因国际象棋而流泪，对她来说，是唯一的一次。实际上，虽然生活异常艰辛，她却不记得自己什么时候为此哭泣过。

# Opening

# 开 局

# 第一章

# 青蛙之地

她没有别的出路。贾米达还没结婚，就已经生了四个孩子，其中一对双胞胎在生产时夭折。父母住在纳米扬戈地区的一个小村庄里，早已把她赶出了家门。八岁时，她从卢加拉小学辍学，现在，她回到这里当厨子，挣的钱根本不够养活剩下的两个孩子，所以，她把孩子们送到了父母家。孩子的父亲同时跟几个女人保持着关系，当过兵，喝酒必醉，动不动就殴打虐待贾米达，逼得她不得不离开。有一天他喝得醉醺醺，怒气冲冲地跑到卢加拉小学，抬脚踢翻一口盛满米粥的炖锅，滚烫的米粥浇了贾米达一身，使她严重烫伤。贾米达担心被他打死，所以她必须得逃走了。

于是她来到了城里。

一九七一年，贾米达来到乌干达的首都坎帕拉，来到了这个植被随意蔓延，道路拥挤不堪，到处尘土飞扬的城市。当时，乌干达一片混乱，以后还会更加无序。这个东非小国，东边与肯尼亚接壤，北边挨着苏丹[①]，西边与刚果民主共和国交界，南边紧邻坦桑尼亚、卢旺达和维多利亚湖。

①编者注：本书中的苏丹指今南苏丹共和国。

九年前，这个国家才脱离宗主国英国，宣布独立，可是很快，这个羽翼未丰的曾经的殖民地就跟非洲的其他难兄难弟一样，深受殖民地遗留问题的困扰。当时非洲的殖民版图由殖民者随意画就，好像小孩子拿蜡笔随便涂抹了几下。乌干达的四个主要部族没有任何共同点，文化背景不同，语言不通，风俗习惯也不一样，可是却被共同的敌人硬生生地绑在一起，成了一个国家。现在，这几个部族根本没有办法在人为划定的边界内和睦共处。乌干达陷入了年深日久的内战中。

后殖民时代的乌干达政治风云变幻，说起来就是在讲一个陆军中尉是如何背叛将军的故事。贾米达来到坎帕拉的那一年，乌干达军队司令官阿明发动军事政变，废黜了当时的总统奥博特。阿明自此成为乌干达历史上最暴虐专横的独裁者。

阿明自幼辍学，获过国家拳击赛冠军，一九四六年加入英国殖民政府的非洲来复枪团当见习厨师。随后，他正式入伍，加入非洲军团步兵团，得以升迁，逐步进阶。在非洲军团发动的针对肯尼亚和索马里的残酷军事行动中，阿明充分展露了其为达目的不择手段的野心和欲望。军事政变结束时，阿明许诺在全国推行自由选举。可他也只是说说而已。政变结束才一个星期，阿明就宣布自己为乌干达总统，并给自己冠上了“共和国终身总统，陆军元帅，哈吉，伊迪·阿明·达达博士，维多利亚十字勋章获得者，杰出服务勋章获得者，军功十字勋章获得者，大英帝国的伟大征服者，乌干达全体人民的救星阁下”的称号。他还有一个臭名昭著的称号，就是称自己为“地上走兽海里游鱼之王”。

阿明的另一桩恶行广为人知。他命令乌干达白人抬着他登上宝座，跪在他面前，由新闻摄影师把整个画面拍下来，散播到全世界。阿明崇拜希特勒，高度赞扬希特勒对犹太人的大屠杀，威胁要对以色列发动战争，对别国领导人出言不逊，甚至对乌干达的前宗主国英国也嗤之以鼻。他口出狂言，宣布自己为苏格兰王，要带领苏格兰人民脱离英格兰走向独立；他跟利比亚的卡扎菲沆瀣一气；为讨好苏联，他从苏联进口武器。当政期间，阿明暴虐专横，用恐怖手段排除异己，无论真假，不管何人，只要被指控为反对派，或被他当成民族的敌人，一律处以极刑。据统计，阿明在位期间，大约有五十万乌干达人死在他手上。还有传言说阿明是食人魔，杀人之后会把受害者的器官吃掉。

阿明执政八年，乌干达的经济濒临崩溃。一九七二年，他下令把境内数万名早已移民乌干达、掌握着乌干达经济命脉的印度裔商人驱逐出境，将抢夺过来的商店交给士兵管理。这些士兵什么都不懂，一件尺寸为十七号的衬衫就卖十七乌干达先令，除此以外，他们也想不出更合理的售价了。商人们被驱逐出境后，乌干达的经济彻底瘫痪，民不聊生，大约有一半民众苦苦挣扎在国际贫困线以下。接着，阿明把乌干达土地收归国有，把大批农民从祖祖辈辈生活耕种的土地上赶走，逼得其他部族联合起来反抗阿明及其部族卡夸族。为了活命，人们纷纷拥入坎帕拉寻求所谓的安全。到坎帕拉后，大部分人都被赶到了一个一般人不愿踏足的贫民窟。这个贫民窟名叫卡推。

贾米达带着两个儿子，哈基姆和摩西（异父兄弟）来到卡推，在加油站附近租了间小房子安顿下来，随后在一排排加油机旁摆了个小摊，靠卖酒维持生计。正因拖欠房租担心被房东赶出家门时，有个顾客告诉她，山下沼泽地住着的一个老人想要以极低的价格卖掉手头的地。“妈妈其实挺想去和这个人见一面，”哈基姆说，“可是那地方灌木丛生，平时根本没人冒险去那里，所以她也不敢去。”

后来贾米达还是设法和老人见了一面，见面地点改在纳赛尔路，老人在那里工作，把废旧报纸切碎后装进粗麻布袋压实做成床垫。卡西姆告诉贾米达，他是坦桑尼亚人，过去给布干达和巴干达人的国王当仆人。坎帕拉及其周边地区过去属布干达王国，后来的乌干达因之得名。卡西姆告诉贾米达，六十年代时他在卡巴卡山顶上的宫殿里做工，后来，国王手下的一个酋长把这块他觉得一文不值的地赏赐给了卡西姆，因为对巴干达人来说，他们太过高傲，根本不屑于住在沼泽地里。

贾米达跟卡西姆又见了一次面，地点就在沼泽地。贾米达选了一小块泥地买下来，成为一九七一年购买卡推低地的第一人。买这块地只需要花一分二，可是她只能拿出零点八分钱付首付，剩下的钱得努力工作好几个月才能付清。

卡推大约四平方公里，灌木丛生，触目皆是大象草和芒果树，薯蓣的藤蔓肆意蔓延，聒噪的青蛙数不胜数。一到夜晚，蛙声喧嚣刺耳，如钟鼓齐鸣，吵得哈基姆和摩西连觉都睡不好。贾米达给卡西姆的这块地方起了个名字，叫纳克尔，意思就是“青蛙之地”。这个名字沿用至今，成为由十九个区域组成的庞大贫民窟卡推的一部分。

卡西姆是个古怪老头，总是穿一件用各种袜子缝在一起做成的袍子，喜欢把硬币塞到耳朵里，从来不穿鞋。他的小屋藏在灌木丛中，周围到处是蜂窝，随处可见盘卧的青蛇。卡西姆说自己已经八十多岁，哈基姆总觉得他很可能是个巫医。

贾米达家离卡西姆的房子没多远，所以卡西姆总是把哈基姆叫到家里干活，要么帮他打水，要么就让他帮忙收拾刚宰的牛头当饭吃。哈基姆干活时，卡西姆会给他讲故事，尤其爱讲卡巴卡怎样动员军队跟其他部族打仗。每天晚上，卡西姆都会在小屋旁生起一堆火，用哈基姆听不懂的神秘语言唱着歌谣。

后来，贾米达卖酒的加油站被印度移民收购。没过多久，印度人把她从摊位旁赶走，理由是不想让黑种女人在他的加油站卖东西。贾米达只得躲在加油站旁边的树下偷偷摸摸沿路兜售。阿明把印度人赶出乌干达之后，加油站的管理权又交回到乌干达黑人手中，贾米达得以回去继续卖酒。生意越来越好，她有了闲钱把自家破烂的棚屋翻新，扩建成有三个房间的房子，又把纸莎草棚顶换成铁皮屋顶，使一家人免受频繁暴雨的侵袭。除了翻新房屋，她还剩下些钱供哈基姆到位于恩桑比亚山上的圣彼得中学上学。哈基姆在那里展现出高超的足球水平，人称“圣彼得的球王贝利”。

一九八〇年，乌干达的内战之火蔓延到卡推。对大多数乌干达人来说，贫民窟卡推就是一片盲区，可以视而不见，因此，这里成了理想的屠宰场。政府军想杀谁就杀谁，哪怕他们只是怀疑这个人是造反者。一天，哈基姆的外婆马里亚姆被士兵开枪打中，躺在他们家的棚屋前，流血过多死去。哈基姆眼睁睁地看着外婆死去，却无能为力。他躲在棚屋里，用手捂住两岁大的侄子的嘴巴，不让侄子发出声响，因为他清楚，一点点声音就会让他俩因见证暴行而命丧当场。后来哈基姆设法和家人一起逃到卡推的另外一区躲了一年，目睹许多人被士兵活活烧死。哈基姆的好朋友，更是惨到被烧得只剩一条腿。

可是对生活在卡推的人来说，暴行并不是最恐怖的事情。他们最怕的其实是水灾。哈基姆在这里生活了一辈子，最大的担忧就是不知老天何时下雨。卡推是个天然沼泽地，地势低洼，周边河床水位太高，只要一下雨，卡推保准发洪灾。有时候水势太大，哈基姆得逃到屋顶才行。要是洪水几天不退，他就只能等水退了才可以进屋把家里的水往外舀。

一九九四年，贾米达去世。她这一生跟三个不同的男人生了十个孩子，只有哈基姆和摩西幸存下来。哈基姆现在在一家出租车公司工作，家里一贫如洗，跟他刚到卡推的时候一样。几年前，一场特大暴雨把他家的房子整个淹没，好几天水都不退。之后他的妻子就抛下他和六个孩子，离家出走了。哈基姆没有走，因为只有这里才是他真正的家，他无路可逃。“一想到将来，我就特别担心，不知道这个家以后的出路在哪里。我低下头想睡觉，可是却怎么都睡不着。”哈基姆说，“衣服穿烂了我也不能换，因为要把钱省下来养家。最让我着急的是我不知道该怎么安排孩子们的未来。等我死了，他们该怎么生存下去呢？估计我死的第二天，他们就会连吃的糖都弄不到。”

哈基姆认为自己现在四十八岁，在卡推生活已经超过四十年。头十五年，他见证了乌干达十届政权的更迭。每一任新的统治者一上台，该统治者所属部落的成员就会一窝蜂地拥入卡推，指望着能沾点当权者的光。一九八六年，又一次政变之后，穆塞韦尼上台，出任乌干达总统至今。乌干达人民对新政府当然还是不满意，可是一次次变革，一次次失败，他们早已厌倦了叛乱和战争。

“一九八六年，内战终于停止，过去逃出纳克尔的人们又都回到了这里。”哈基姆说，“打仗期间，好多人逃到卡推的其他地区，可是一听说战乱结束，他们就都跑回来了。逃走的时候是一个人，结果拖家带口回来三个人。你可以问问自己，为啥这么多人甘愿待在这个凄凉悲惨的地方不走呢？因为全都无处可去。”

他们来了。他们又来了。他们一拨接一拨地来到这里。

卡西姆死时，已经把他的地全部卖光，一小块一小块地卖，一共卖给了几百个人，卖到最后差点连他死了都没地方埋。埋他的地方现在是臭水沟。

来自全国各地偏远村庄的人都往坎帕拉挤，想要获得更好的生活条件。他们来这里的目的各不相同。有些人以为到了首都就能用上电，能享受更加便利的医疗条件，孩子们也能上学。有些人是不得不来，因为祖先留下的土地就那么多，这代人卖一块，下一代人再卖一块，过不了多久，就没地可卖，也无地可种。有些人来的原因非常简单，阿明当政时没收了他们的土地，再也没还给他们。有些人听说外国的援助总是首先提供给城里人，农村人经常连边都摸不到。有些人来这里治疗艾滋病。高峰时，乌干达大约有百分之十五的成年人感染艾滋病毒，主要原因要归结为不安全的性行为。还有些人来这里是因为在农村他们根本没机会摸到钱。不知为何，只要每天手里能拿到几个先令，他们就会觉得很有钱，就算赚的钱连维持生存都不够也无所谓。

所以，他们都来到这里。然后呢？

“这就是个陷阱。”约翰·穆格鲁瓦说。穆格鲁瓦是五旬节派教会的主教，作为土生土长的乌干达人，他已经在卡推待了差不多三十年。“你满怀梦想离开村庄，历尽千辛万苦来到城市，期望事事顺心，十全十美，幻想一帆风顺，事业有成，结果到了之后才发现根本不是那么回事。坎帕拉就算钱再多，也不是凭空从树上长出来的。可悲的是，一旦你决定离开村庄到城市去，就等于跟留在原地的人宣告你会过上更好的生活。这就是个陷阱。许多人来之前把家里的一切都卖空，所以，想回也回不去了。”

那么，然后呢？

“想象一下，你除了会干些像是耕耕地、播播种、除除草之类的农活，其他什么都不会，又没受过什么教育，也没人教你可以在城市生存下来的技能，”穆格鲁瓦说，“这样的你一到坎帕拉，基本上就是个废物。这不是你的错，是真的没事可干，所以你需要去一个不会引起别人注意，更不会落入不法分子手中的地方。对你来说，这样的地方最好暗无天日，最好没人关心你是谁，也不关心你来自哪里，最好根本没人注意到你的存在。”

所以他们都来到了这里。他们留了下来。接下来他们需要待在一个能不引起任何人注意的地方。

卡推。

坎帕拉有八个贫民窟，卡推 (Katwe，读作 kot-way) 最大，也可算是世界上最恐怖的地方。这里水灾严重，许多居民都睡在悬挂在房顶的吊床上，这样洪灾来袭时就不用担心被淹死。平时，未经处理的污水流过小巷两边的臭水沟，一旦发水，污水直接漫到家家户户的棚屋里。邻近坎帕拉市中心居民区排出来的人体排泄物也会直接排到这里，屎尿横流。这里没有卫生设施，苍蝇成群结队，到处臭气熏天。

平日里，洪水退去，露出地面的土地严重板结，污水流经的地方肮脏泥泞，什么都种不活。这里每一天都比前一天更加拥挤，流浪狗、老鼠还有长角牛也出没其间，在这个有限的空间跟人类争夺着卑微的生存权。随便什么人，只要能找到一块空地盖起简易棚子，这个棚子就是他的家。至少暂时可称之为家。可是一旦房地产开发商看上这块地，觉得有利用价值，他们就会一把火把这块地方烧掉。通过这种“可控火灾现场”的方式，住在这里的人们很容易就被驱逐出去。

卡推居民口中经常说到的“活水”一词，指的不是流动水，而是活人，去取死水。要想用水，就得穿过整个贫民窟，从一个脏兮兮的井里提水，要么就得从一个散发恶臭的水塘里打水。电价太贵了，对大部分卡推人来说，根本负担不起。房东时不时地抓着一袋子挂锁出现在租客门前，要是谁交不起房租，就拿把大锁直接把房门锁上。

卡推没有路标，也没有地址和门牌号。这里道路坑坑洼洼，错综复杂如迷宫，到处都是破破烂烂的棚屋。这里没有表，人们看影子落在地上的方位来判断时间。这里没有日历。因为在赤道近旁，这里没有四季更迭，日复一日温暖如春的天气让庸常的生活变得更加令人倦怠。每天的生活都一样。生存靠的是勇气和决心，再要一些诡计，还要够幸运。阿明执政期间，外国对乌干达实施了贸易禁运，结果，卡推就成了各种非法交易的圣地。不管什么东西，只要在黑市上有人买，卡推全都找得到。在这种脏乱不堪的环境中，生活其间的人们一个个都变得诡计多端。

对贫民窟之外的市民来说，如果你住在卡推，那么最好老老实实地待在那里。卡推周边的街区相对安稳，不论是居民区、加油站，还是超市，到处都有身穿制服的警卫端着AK-47突击步枪不停巡逻。坎帕拉市中心的摩天大楼群近在咫尺，从卡推任何一户人家家里都能看得清清楚楚。孩子们每天冒险到市中心，有的乞讨，有的去偷东西，到了晚上，再回到卡推睡觉。

这里，生命无常，许多孩子连父母是谁都不知道。到处都是单身妈妈，独自抚养几个孩子，经常无家可归，过着流离转徙的生活。每个人都无处安身，漂泊无定，却没人逃离。有句俗话说：生是卡推的人，死是卡推的鬼。每天都有人死于疾病，死于暴力，死于饥饿，或死于无人照管，大家早已司空见惯，无动于衷。这里的孩子大多不知道自己的父亲是谁，身边的男人整日殴打虐待他们。女人一点地位都没有，除了能供男人发泄性欲，帮他们照顾孩子，其他一无是处。这里的女人许多都是性工作者，要不了多久就会怀孕，可是她们却不能停止工作，因为不工作就没有钱。所以，生下孩子后，夜晚出去工作时，她们就把孩子单独锁到棚屋里。等到清晨时分下班归家，经常会发现孩子要么被洪水淹死，要么不小心踢翻用来照亮的煤油灯，失火烧死。

据穆格鲁瓦主教估计，卡推十几岁的女孩中，大约有一半都当了母亲。因为生活在卡推和周边几个贫民窟的人们缺乏必要的避孕常识和措施，乌干达成了全世界年轻人口最多的国家，平均年龄仅为十四岁。生育率过高，儿童越来越多，可是基础设施投资却跟不上，直接导致孩子们没饭吃，没学上。无家可归、消沉绝望的孩子越来越多，这些孩子甚至不知道要是有一天他们消失不见，会不会有人惦念。卡推的年轻人忍受着常人难以忍受的耻辱，承受着一次又一次的挫折。对他们来说，反正自己也不会比贫民窟的其他人好到哪儿去，干脆听天由命，随波逐流。在这里，成就要让位于生存。“许多抚养孩子的人自己都还是个孩子，”穆格鲁瓦说，“贫穷在这里代代相传。单身母亲没有能力养家糊口，她的孩子们就只能跑去站大街，这些孩子再生孩子，还是无力抚养。长此以往，循环往复，生活越来越苦，命运越来越惨。这个怪圈几乎没人能打破。”

一九八〇年，哈丽特·纳库来到卡推。彼时的卡推乌烟瘴气，混乱不堪，目之所及遍布年久失修的棚屋，到处都是拥挤的人群。

青蛙早已消失不见。

没人想要哈丽特，没人计划要把她生出来。如果说因缺乏避孕措施而意外出生的孩子都是错误的话，那么哈丽特跟乌干达大部分孩子一样，她的出生也是个错误。换句话说，哈丽特的父母根本就没想到能怀上她。母亲纳尼兹没有跟哈丽特的父亲基戈齐结婚，因为他已经有了好几个老婆。两人过去经常偷偷约会，也不知道哪次约会就造出了哈丽特。

父亲家位于一个名叫塞塔的小村庄，离坎帕拉有十五公里远。哈丽特就在那个小村子里出生。哈丽特觉得自己出生那年是一九六九年。因为是私生子，所以哈丽特出生在纳尼兹的姐姐家里，随后纳尼兹带着刚出生的哈丽特去了附近一个小村庄，住在阿姨家。哈丽特跟妈妈一起生活了六年。到了该上学的年纪，纳尼兹负担不起哈丽特的学费，就把她送回到父亲家。

“到父亲家之后，我跟几个同父异母的兄弟姐妹生活在一起。父亲动不动就把我们扔给继母照顾，一点钱也不给我们留，因为他自己在外边还有好几个女人要管。”哈丽特说，“我父亲整天就知道跟别的女人混在一起，他是个非常差劲的人，只顾自己，不顾别人。因为这家人跟我压根没什么关系，所以对我来说，这里的日子并不好过。后来，父亲把我送到了奶奶家。”

哈丽特跟着奶奶米利亚姆一起生活，直到有一天突然生病，伤口感染，全身滚烫，可是米利亚姆却没钱给她治病，哈丽特才又被送回母亲身边。那时纳尼兹已经搬到卡推，靠卖煮木薯维持生计。木薯营养丰富，是乌干达人常吃的一种主食。每天晚上，纳尼兹在路边摆个小摊卖煮好的木薯。哈丽特到来之后，在免费诊所治疗了一段时间，身体逐渐好转，就给妈妈打下手，煮玉米卖给顾客。同时，哈丽特开始上学，因为妈妈总是交不起学费，她又两度辍学。连小学二年级都没上完，她就被妈妈送回父亲家，指望他想办法负担哈丽特的学费。可是，基戈齐根本不管她。哈丽特被扔在父亲的村子里没人搭理，倏忽几年时间就过去了。“童年时我过得一点都不快活，”哈丽特说，“我不是那种自己一个人也可以玩得很开心的人。我根本不记得什么时候开心过。”

十二岁时，母亲又把她接回卡推，同样的生活再次反复。上学，辍学，再上学，又辍学。每次辍学，都是因为交不起学费。等她上到小学四年级（乌干达人称四年级为 P4），才算是彻底退学。

“小时候在学校上学时，我梦想长大了当护士，”哈丽特说，“我特别羡慕护士，羡慕她们穿的护士服，羡慕她们的生活方式，羡慕她们的一切。所以从学校退学后，我非常难过，因为我清楚不可能再有机会回学校上学了。年龄越来越大，又从那么低的年级退学，就算有机会回去上学，我也不好意思再跟小孩子们坐在一起。”

退学的时候，哈丽特跟文盲差不多，不认字，连自己的名字都没学会写。

她又回到妈妈的小吃摊帮忙。有个老男人是常客，名叫布伊恩扎，住在离小吃摊不远的地方。布伊恩扎每天都会到哈丽特摊前买东西吃，也跟她聊天，付钱时总是会多付一点。这点小恩小惠对贫民窟的女孩子来说，是极大的诱惑，更是赤裸裸的引诱。哈丽特开始去布伊恩扎工作的地方找他，有时也跟他回家过夜，借此换取他对自己的宠爱。在卡推这样的地方，谈恋爱和卖淫只介于一线之间。

布伊恩扎当时三十七岁，哈丽特十五岁。布伊恩扎结过婚，有三个孩子，妻子跟他已经分居，带着孩子住在附近的村子里。布伊恩扎挣的钱正好够他再养一个家。像布伊恩扎这样的人在乌干达有个专门的称呼，叫“甜心爹地”。

“这个男人对我真的很好，跟朋友一样，所以我跟他待在一起的时间越来越多，”哈丽特说，“后来我们住在了一起。那时我们交往大概已经有六个月了。他真的特别宠我。”

哈丽特觉得自己生第一个孩子时是十六岁。因为女儿出生在午夜，所以哈丽特给她起名叫奈特（Night）。当时乌干达与坦桑尼亚的“丛林战争”正进行得如火如荼，卡推局势十分混乱，时不时就有军队把男人们抓去打仗，因此布伊恩扎躲回了家乡，一个名叫布尤布的小村子。哈丽特带着奈特又住回母亲纳尼兹家。几个月后，纳尼兹无意中看到布伊恩扎回到了卡推。“我妈妈总是不停地问我，‘孩子的父亲哪里去了？’”哈丽特说，“结果等他一回来，我妈就把我赶出了家门。没办法，我只能再去找他。”

布伊恩扎在离卡推不远的萨拉玛路租了套房子，哈丽特带着一岁的奈特住了进去，三个人像一家人一样生活在了一起。布伊恩扎是个电焊工。哈丽特也在一个名叫“新非洲儿童”的小学找了份工作，给学生熬粥，也在餐厅卖饭。

“刚开始我们的生活过得还真不错，虽然不算有钱，但是基本的生活需求还是可以满足的，”哈丽特说，“有自己的住处，有时他还会带我回他的老家看看。他没什么坏毛病，不吸毒，不抽烟，也不酗酒，唯一的爱好就是看足球比赛。我们的身体也都没毛病，对我来说，这样的生活已经很好了。”

在萨拉玛路生活的十年间，哈丽特又生了三个孩子：朱丽叶、布莱恩，还有菲奥娜。布伊恩扎是个宠孩子的好爸爸，经常到该吃午饭时跑回家带孩子们出去吃饭，吃完饭还会从街头小贩那里给他们买甘蔗吃。到了晚上，一家人会一起去录像厅看电影，或者一起散步到附近小区看人踢足球。

“如果说我对父亲还有点记忆的话，那就是他非常爱我们，”布莱恩说，“晚上睡觉时我总是能听见父亲对母亲说跟我们在一起他是多么开心。”

后来，第五个孩子出生。理查德两个月大时，哈丽特注意到布伊恩扎的外貌开始发生改变。他变得骨瘦如柴，也吃不下东西。哈丽特说：“我开始担心，于是问他，‘你生病了吗？要不要送你去医院？’可他什么都不跟我说，只会说‘一切正常’。然而他的身体状况却越来越差。突然有一天，他失踪了。他到底去哪儿了，我一点头绪都没有。他走的时候给我们留下的钱只够一天的生活。我特别痛苦，因为他说他没病，所以我以为他把我们抛弃了。”

丈夫离开之后，哈丽特一个人在家里苦苦支撑。怀孕时她辞去了小学的工作，所以现在没有收入，也没钱付房租，很快就被房东赶出家门。哈丽特不得已带着孩子又回到母亲的家里，自己家的东西则全部变卖，用来养活孩子。

一九九九年春天的一天，布伊恩扎跟前妻所生的女儿来找哈丽特，当时离布伊恩扎不告而别已有三个月。她说，布伊恩扎病得很严重，现已回到家乡，让哈丽特和孩子们赶快去看看他，还给了哈丽特到布尤布的车票钱。等见到布伊恩扎，大家都吓了一跳，他的病情怎么会恶化得这么迅速？现在的他看起来就是一个活死人，说不出话，只会伸手摸着还是婴儿的理查德，默默流泪。

“我刚到村子里的时候根本没认出我丈夫，他瘦得简直脱了相，”哈丽特说，“我想好好照顾他，可是看他的样子是一点希望也没有了。直到那时我才知道他得了艾滋病。”

布伊恩扎早就知道自己得了艾滋病，也知道自己快要死了，可他却不敢告诉哈丽特，怕她担心被传染。哈丽特和孩子们到布尤布四天以后，布伊恩扎死了。

“葬礼之后，我丈夫的家人跟我说以我现在的状况，根本没有能力照顾孩子，”哈丽特说，“刚开始我不同意，可是他们说我应该把孩子们留下，让他们过几天安生日子，这样我就可以自己回卡推，好好计划一下未来的生活。他们说得也有道理。”

于是，哈丽特带着理查德回到了坎帕拉。可是，回到卡推刚三个星期，布伊恩扎的女儿又来把哈丽特叫了回去。哈丽特的二女儿朱丽叶也生病了。等哈丽特赶到布尤布，朱丽叶已经病死。“朱丽叶非常爱她的爸爸，所以布伊恩扎的死肯定对她打击特别大。”哈丽特说，“可能她是死于疟疾，不过我觉得对她来说，爸爸死了之后，她也不想再继续活下去了。”朱丽叶与父亲埋在一起，葬在家族的墓地里。

哈丽特带着四个孩子又回到卡推，回到母亲的棚屋里。她开始担心，觉得自己肯定得了艾滋病，不知道还能活多久，也不知道还能照顾孩子们多久。她甚至想过，要是真得了艾滋病，她就自杀，坚决不跟丈夫一样受那么多罪。回到卡推的那天晚上，哈丽特跟奈特、布莱恩、菲奥娜和理查德抱成一团，睡在棚屋的泥地上。“如果我死了，”她在孩子们耳边低语，“就让我跟你们死在一起吧，我的孩子们。”

# 第二章

# 卡滕德

“我对父亲一点印象也没有，”卡滕德说，“我是个私生子，不知道自己什么时候出生，在哪里出生。把我生出来可不太容易。我妈怀我的时候还是个中学生。那个我所谓的父亲已经结婚，有自己的家。听说他老婆特别生气。她威胁说，‘要是让我看到那个小兔崽子，我就杀了他。’”

塞玛库拉也是个“甜心爹地”。一九八一年的一个清晨，已三十七八岁的他开车驶过位于坎帕拉以北一百二十五公里处一个名叫基博加的小村庄，一眼看见走在路边的菲丽达·纳瓦古玛。菲丽达当时正跟几个朋友一起走在去巴穆苏塔中学的路上。塞玛库拉一下子就被刚刚十四岁的菲丽达吸引住了。他把车停在她们身边搭讪，提出送这几个姑娘去学校。

“学校在山上，孩子们爬山之前得先穿过一个山谷，”菲丽达的母亲纳穆西西说，“那个男人就开车带我女儿穿过山谷，送她上学。他每天都这么干。这是个圈套。有时候我还没起床，他就偷偷过来把我女儿接走送到学校，都不让我知道。这就是他的诡计。”

没过多久塞玛库拉跟菲丽达的关系就从送她上学发展到放学后的约会。很快，菲丽达怀孕了。因为担心母亲会大发雷霆，她偷偷从家里逃走，跑到哥哥家去住。

“我想要照顾她，可是根本不知道她去了哪里。后来我儿子跟我说菲丽达在他家，”纳穆西西说，“那就干脆让她待在那里好了。要是我把她带回家，万一哪天她再跑走，我连找都不知道该去哪儿找。”

菲丽达在哥哥家里把孩子生了出来。她才十五岁，就有了自己的儿子。她给儿子取名为卡滕德，随了他父亲家族的姓氏。塞玛库拉已经有老婆，还有五个孩子，老婆和孩子们住在基博加另外一个地方。他不敢把小卡滕德带回家，于是，菲丽达只能带着孩子回到母亲家住。没过多久，这个才十几岁的小妈妈就不堪重负，照顾儿子累得她苦不堪言。“一断奶，她就把孩子扔给我，”纳穆西西说，“她跟我说：‘我把你外孙给你，你养活他吧。’”

纳穆西西刚开始还搞不清楚菲丽达为何要丢下才八个月大的儿子，后来才知道女儿又认识了一个在政府部门工作的男人，这个男人想跟她结婚，还打算出钱让她继续上学。菲丽达担心这个男人不接受自己的儿子。

就这样，卡滕德开始跟外婆一起生活。跟他们同住的还有一个名叫基杜的小男孩，是纳穆西西的孙子，她的儿子养活不了这个孩子，也丢给了她。一老两小祖孙三人相依为命，挣扎求生。平时纳穆西西会到丛林深处捡香蕉，拿到村里的市场上卖掉，挣点钱好让两个小孩能在天黑之前吃上一口饭。

六十出头的纳穆西西带着卡滕德和基杜生活了没多久，就听到远处传来枪响。叛军首领穆塞韦尼带领着全国抵抗军发动了一场叛乱，抵抗已于一九八〇年重新掌权的现任总统奥博特。这场被称为“乌干达丛林内战”的战争，主战场位于一个名叫卢韦罗三角的地区，基博加不偏不倚恰好位于这块三角地带的中心。让人胆战心惊的枪声响起没多久，一辆辆满载全副武装士兵的卡车就接踵而至。“叛军占领了这里，”纳穆西西说，“我们都吓坏了。我吓得全身直抖。这可是打仗啊。我这辈子还没见过当兵的呢。带着两个这么小的孩子，我不知道该躲到哪儿，也不晓得该拿这俩小东西怎么办。我问他们，‘咱们藏到哪儿去才好呢？’可是这俩娃子太小了，连话都还没学会说呢。”

叛军占领这里之后的第二天，十几辆满载政府军士兵的汽车也从附近开了过来。士兵们把车停在纳穆西西家附近，到处搜查穆塞韦尼。士兵抓住纳穆西西，问了她一堆问题，要是她不回答，他们就恐吓她。可是，她说卢干达语，士兵们说斯瓦希里语，士兵问的话她根本就听不懂。

过了一会儿，纳穆西西指指孩子，又指指花园，乞求士兵让她去花园挖些蔬菜喂孩子们吃。还没等她从花园返回，一群叛军也进了村子，跟政府军碰到了一起。双方立即打了起来。“我吓得扔掉怀里的吃食，跑到邻居家躲了起来，心里不停地向上帝祷告：‘求上帝保佑这俩可怜的孩子吧。’”纳穆西西说，“我哭得可厉害了，因为我以为那些当兵的肯定把我的俩孩子杀死了，等我跑回家一看，他们还活着。于是我跟俩娃说，‘好吧，咱仨就坐在这儿，哪儿都不去了。让我们死在一起好了。就让他们在这儿找到我们的尸首好了。’”

过了一阵儿，交火双方转到另外一个区域打起来。村子里的一个老师来到纳穆西西的小屋里，跟她说在家里过夜太不安全，劝她赶快逃跑。于是她带着条毯子和一个炖锅，一手夹一个孩子，开始了逃亡生活。刚开始她想着先去本地的一家医院躲一躲，到了才发现政府军的士兵正在那里搜查叛军伤员。她怕政府军认出她，赶紧离开，继续往前走。一直到夜幕低垂，来到一户陌生人家门前，好说歹说户主才让她进门。纳穆西西带着两个孩子在这里住了两个星期之后，回到自己家，发现家里已经被奥博特的军队洗劫一空，不过她还是在家里住了下来。一天，政府军的士兵敲开她的家门，命令她带自己去找一个邻居。纳穆西西知道，要是不答应的话，这个士兵肯定会杀了她。看她磨磨蹭蹭地朝邻居家走，跟在她身后的士兵朝她脚下射出一排子弹，催她快点。

纳穆西西说："第二天早上，一个亲戚来我家找我，跟我说：'这个地方我们不能再待下去了，你说昨天你是不是平白无故差点儿被杀死？我们得赶快逃走，去跟我叔叔待在一起吧。我先去找找，看他现在躲在哪里，等找到他，我再回来接你跟他会合。'过了不久，他回来说：'我们现在就走吧。'"

纳穆西西带着卡滕德和基杜离开了基博加。一路上关卡重重，有政府军设立的，也有叛军设立的，历尽千辛万苦，她们终于来到叛军控制区，见到了亲戚的叔叔。

"我带着两个孩子，跟在叛军后面满丛林跑，"纳穆西西说，"我们什么都没带，只带了一块布给两个孩子取暖用。睡觉的时候，他俩躺一半，另一半就用来当被子盖。要是下雨，就只能淋着等雨停。待在丛林里的那段时间，我们天天喝用野草泡的水解渴，吃地上掉的坚果充饥。两个孩子还太小，什么都不懂。虽然子弹在我们头顶乱飞，他俩也不怕，就知道问我，‘有吃的吗？’”

纳穆西西、卡滕德和基杜在叛军的保护下，在丛林里一待就是两年，叛军走到哪儿，他们就跟到哪儿，一刻不停。

“有时候我们会在一个地方安顿一段时间，可是过不了多久，叛军就会跟我们说政府军要来了，让我们到另外的地方藏起来。”纳穆西西说，“有的时候我能不停事儿地走个六七英里路，没办法，得逃命啊。我天天提心吊胆，总觉得随时都有可能没命，所以我们总是一起祈祷。”

终于有一天，纳穆西西看到叛军们一个个特别兴奋，不断朝天上发射子弹，就问他们发生了什么事。叛军跟她说他们已经占领了卢韦罗三角，政府军交出了这片土地的管辖权，所以现在她可以放心地回到基博加的家里了。“等我们回去，村里的人看见我们都跟见了鬼一样，好像他们都以为我们已经死了。”纳穆西西说。

不论何时，只要有战争难民回到基博加，就会有人让他们去政府部门登记，这样官方就知道有多少人幸存。菲丽达当时已经是基博加医院的护士，一听说她的母亲和孩子回来了，护士服都顾不上换，骑着自行车就跑到了登记处。一开始，菲丽达直接从卡滕德身边骑了过去，根本没认出自己的儿子，直到看到母亲，她才知道身旁这个小男孩是自己的儿子。菲丽达哭着跑向卡滕德，开心地把他举过头顶，再紧紧地把他抱在怀里。小男孩根本不知道这个女人是谁，直到她开口对他说：“儿子，我还以为你已经死了。”

三年里，菲丽达第一次牵起儿子的手，带着他到政府部门登记。“这是卡滕德，”菲丽达对登记员说，“罗伯特·卡滕德。”

那是卡滕德第一次听到自己的名字。

接下来的一年，卡滕德仍旧跟着外婆一起生活。虽然妈妈家距外婆家连两公里都不到，可是，卡滕德却很少能见到妈妈。他是个私生子，所以妈妈现在的丈夫不让卡滕德到她家去。

内战结束后，纳穆西西又开始卖香蕉，以维持缺吃少穿的生活。她经常坐卡车到坎帕拉，把香蕉卖给市场上的小贩。因为没钱供卡滕德和基杜上学，要是把他俩放在家里，两人就大哭大闹，所以她只能带着俩孩子一起去坎帕拉。三个人坐在卡车车厢里堆着的香蕉上，要是有人想上厕所，罗伯特就把一根香蕉从车顶扔到前边的路上，提醒司机停车。这些旅程让卡滕德第一次接触到了现代化的城市生活。他说：“我发现城里人只要用手摸一下墙壁，灯就亮了，再摸一下，灯就灭了。当时我就想，‘咦，他们是怎么做到的？’”还有一次，他们遇上了坎帕拉全城大停电，卡滕德问外婆：“既然停电了，那为什么汽车还能跑？”

菲丽达最终还是离开了丈夫和四个孩子，来到坎帕拉，住在了一个名叫楠库拉拜的贫民窟，想着能过上更好的生活。她不再当护士，开始跟母亲一起，在基博加和坎帕拉之间来回跑，把香蕉卖到坎帕拉的市场去，希望能多挣些钱。一次，卡滕德跟着来到坎帕拉之后，菲丽达对母亲说：“让卡滕德留在这里上学吧。”

卡滕德花了好长时间才适应城市生活。过去他从来没穿过鞋子，可是现在母亲坚持要他穿上凉鞋，要不然他的脚会被贫民窟大街上到处乱扔的碎玻璃和垃圾划伤。小男孩悻悻地跟母亲抱怨穿着鞋子是多么不舒服。他不停地跟母亲说："两个脚趾中间夹的这个东西硌得我难受。"

菲丽达非常重视教育，所以她把卡滕德送到学校，让他学习英语。从小，卡滕德只会说卢干达语，这也是大部分乌干达人使用的语言。刚入学时，跟那些已经上了好几年学的孩子比起来，卡滕德得付出更多的时间和精力，才能跟得上大家。不久之后，他的学习成绩就跟班里其他孩子没什么两样。"我妈妈特别为我的成绩自豪，尤其是数学，"卡滕德说，"我对数字掌握得特别好。"

一到假期，菲丽达就让卡滕德回基博加，给外婆和其他亲戚带东西回去。回到村里，卡滕德就又变成了丛林小孩，还学会了手拿长矛猎疣猪。"大人们让我们小孩子站在不想让野猪通过的路口，跟我们说尽量发出噪声，声音越大越好，这样的话野猪就会吓得往没有噪声的地方跑。那里有陷阱在等着它。"卡滕德说，"大人们会警告我们，要是声音不够大，野猪就会跑到我们跟前咬死我们，所以我们都拼了命地制造噪声。对我们来说这挺有意思，跟做游戏一样好玩。"

四年级时，卡滕德的妈妈没钱给他交学费，于是找在学校教书的朋友走后门偷偷把卡滕德带了进去。开学第一天，这个老师让卡滕德先跟他一起到五年级上节数学课，然后再带他去四年级上课。这节课的知识点是长除法，讲到一半，老师被别的老师叫了出去。卡滕德一看其他学生开始做练习，也想试试，就拿出作业本做了起来。

等老师回到教室，已经是一个小时之后的事了。他坐在桌子前，开始挨个叫学生拿着作业本给他批改。最后，卡滕德拿着自己的作业本也给他看。“老师对我说：‘哎呀，卡滕德，不好意思，我都忘了你还在我教室呢。你也写作业了？来，让我看看你写得怎么样。’”

卡滕德把作业本递给老师，看到他的本子上十道题只错了一道，老师特别吃惊。

“然后老师对全班同学说：‘好了，现在大家都把作业本翻开，要是哪道题这个男孩做对了，而你们却做错了，我就要用藤条惩罚你们。’”卡滕德回忆着当时的情形，“老师走到第一张桌子跟前。‘你错了两道题，打两下。你错了五道题，打五下。这个孩子本来应该上四年级的，结果他比你们的水平都高！’好像全班同学都没我做得好。上学第一天，就弄得大家不愉快。大家都对我做鬼脸，也没人跟我做朋友。”

老师随后问卡滕德愿不愿意直接跟着五年级上课，这样的话对他来说比较方便。虽然其他同学不喜欢他，卡滕德还是同意留下。

事实证明，对卡滕德来说，跳级并不是什么好事。除了数学不受影响，其他学科他都跟不上，科学课和社会学课尤其难懂，主要原因还是他的英语水平不过关，可是在学校里，所有课程的授课语言都是英语。“我记得有一次考试的内容是填写人体内脏器官的名称，可是我从来没有接触过这些知识，”卡滕德说，“于是我就交了白卷，结果老师拿藤条惩罚了我。到了社会学课的考试上，我不想交白卷，就随便乱写，想起什么写什么。因为看不懂题目，所以我在这道题的答案那里写上穆塞韦尼总统，在另一道题的答案那里写上坎帕拉。管它对不对，把卷子填满就行。”

三年级时，卡滕德是班里的第一名。到了五年级，他成了班里垫底的学生。那时母亲已经再婚，又生了一个孩子。菲丽达跟现在的丈夫一起卖木材，生意还不错，经济条件也越来越好。菲丽达甚至计划好等卡滕德上到六年级，就把他送到寄宿学校去，因为她实在不想让卡滕德跟她丈夫与前妻生的那几个孩子挤在一所房子里。

菲丽达跟卡滕德走在一起时，别人都不相信她是卡滕德的妈妈，还以为她是他的姐姐，因为菲丽达实在是很年轻。经过一段时间的接触，母子俩的关系越来越密切。“刚开始我连‘妈妈’这两个字是什么意思都不知道，也不知道‘妈妈’对我来说意味着什么。后来跟着妈妈一起生活，我才体会到有妈妈的感觉真好。”卡滕德说，“我和妈妈之间的关系越来越密切，而且我真的特别爱妈妈，因为她给了我更好的生活。”

一九九〇年，卡滕德八岁。再过一个月，五年级的学习就要结束，所以他忙着复习功课，迎接期末考试。与此同时，他的妈妈开始频频去医院看病。她已经病了好几个月，试了各种治疗方法，都不见效。她怀疑是不是卡滕德的父亲那报复心强的妻子偷偷在她身上下了咒，于是去找了个巫医，开了些草药吃，想把咒语除去，也不管用。后来，大夫确诊她是乳腺癌晚期。连卡滕德都注意到母亲一侧的乳房肿大到快要掉下来了。纳穆西西从基博加赶来照顾女儿。

一天，母亲又去医院治病。放学后卡滕德正在贫民窟玩，他的朋友跑来跟卡滕德说他母亲死了。“听到这个消息，我一下子就蒙了，”卡滕德说，“也不玩游戏了，撒腿就往家跑，边跑边哭。跑回家时，看到外婆在家，她也在哭。她说：‘卡滕德，我的孩子，你可怎么办啊？’”

菲丽达的葬礼在她父亲的家乡举行，离坎帕拉有二十公里远。葬礼上，卡滕德慢慢挨近放着母亲尸身的棺材。“我走到棺材前看着妈妈，她好像没有死，只是在睡觉。于是我就使劲摇她，想把她摇醒，”卡滕德说，“可是不管我怎么晃她，她都不醒。于是我放声大哭。当时我真的是悲痛欲绝，脑子里乱七八糟的念头一个接一个出现。连自杀的念头都出现过。看着人们把妈妈放进坑里，我知道一切都完了。我生命中的一切都随着妈妈去了。妈妈离开的这一刻就是我的世界末日。”

弥留之际，菲丽达躺在病床上向表姐洁森特提出了最后一个请求。

“我知道我快要死了，”菲丽达对洁森特说，“我有五个孩子，又刚刚生了第六个。最小的这个他爸爸会好好照顾他，所以我不担心。另外四个孩子的爸爸也会照顾他们，我也不担心。只有卡滕德，我怎么都放心不下，我死了之后他的生活会变成什么样，我想都不敢想。所以我求你，如果你有办法，一定不要让我母亲把卡滕德带回基博加，如果他跟着我母亲回去，肯定又落得在丛林里捕捉野生动物为生。”

“我想正是母亲对我的这份深沉的牵挂改变了我的命运，”卡滕德说，“洁森特阿姨听妈妈说完那番话，对我起了怜悯之心。”

直到菲丽达的葬礼结束，洁森特还没有想好该拿卡滕德怎么办，可是表妹临死前的话却一直萦绕在她耳边。她看看可怜的卡滕德，上身没穿衣服，裤子破破烂烂，于是走到他面前，跟他说：“卡滕德，你跟我回家。走吧。”

洁森特家里已经养了十二个孩子，六个是她亲生的，六个是她收养的孤儿。那几个孤儿住在后院一间摇摇欲坠的简易房里。洁森特和丈夫住在坎帕拉一个中产阶级社区，一家人生活舒适惬意。洁森特在银行工作，丈夫在政府部门工作。卡滕德跟着洁森特来到她家，走进起居室，一屁股沉进宽大舒适的沙发里，光脚踩在沙发前铺着的地毯上，目不转睛地盯着第一次出现在他生命中的彩色电视，整整看了两个小时。晚饭吃的是肉和胡萝卜，可是卡滕德从来没有见过胡萝卜，于是他把胡萝卜挑出来留在盘子里。“吃过晚饭，我特别伤心，就跑到院子里哭，因为我不知道接下来等着我的是什么样的生活。”卡滕德说，“阿姨家的房子是很漂亮，可我还是没有安全感。我不记得后来我的情绪是怎么平静下来的。”

一连几个星期，卡滕德不停地问洁森特，为什么妈妈会从他身边被带走。在他心里，有种感觉挥之不去，那就是肯定有什么邪恶的力量在作祟。“妈妈死的时候，我百分之百地肯定是我爸爸的妻子到巫医那里对我妈妈下了咒，妈妈才死的。当时我满脑子想的都是如果见到那个女人，一定要杀了她，就算自己也被杀死，也无所谓。”卡滕德说，“我都准备好去杀她了，可是却不知道那个女人在哪里，而且就凭我也不可能找到她。更不用说那时我还那么小，就算找到她，有没有力气杀死她都是个问题。可是，我的内心深处，杀死她的决心却异常坚定。”

菲丽达在遗嘱中给罗伯特留下的钱足够他上两年学，于是，卡滕德回到学校继续参加五年级的考试。考试期间他太伤心，一直没法集中精神。等拿到成绩单，他看到，在班里七十二名同学当中，他排名第六十六位。他跟自己说：“这可不行。”

于是，拿到成绩单的那天，他走了两公里路来到市中心，把坐公交车的钱省了下来买红笔。既然要改名次，红笔至关重要。刚买的红笔颜色比成绩单上的红色要浅一些，可是卡滕德不管不顾，拿笔把“六十”涂掉,成绩单上的名次就从“第六十六名”变成了“第六名”。改好之后，他把成绩单折起来往家走去。

卡滕德在洁森特阿姨家才待了三个星期，所以他对阿姨看到成绩单会有什么反应忐忑不安。于是，把成绩单放到餐桌上之后，他赶快跑出了屋子。洁森特一看到成绩单，就注意到了涂改过的名次。为了证实自己的怀疑，她把每门考试的成绩都仔细检查了一遍，发现果然对不上。她把卡滕德叫到屋子里，问他:“你的成绩单是怎么回事？”

“你什么意思啊？”卡滕德反问道，神情越来越紧张。

“我问你的成绩单是怎么回事？”

“对不起，阿姨，我把名次改了。”

“跟我说说你为什么改名次，再给我拿一根藤条过来。”

卡滕德回到简易房先找出自己三年级时的成绩单，又把藤条找了出来。他一手拿着成绩单，一手拿着藤条进了屋。洁森特说她要拿藤条抽他，不是惩罚他考得不好，而是惩罚他居然篡改成绩骗人。卡滕德苦苦哀求阿姨原谅他，还把三年级时考第一名的成绩单给阿姨看，又跟阿姨解释他跳过了四年级，直接上五年级的事情，随后跟阿姨说这次考试时，妈妈刚去世，所以他根本无心做题。洁森特听他说完，心一软，把藤条放在了一边。

一到放假，卡滕德和其他几个孤儿凌晨四点就起床，出发去洁森特家的农场干活，干些被当地人称作“刨地”的农活。孩子们会在地里干一整天，用锄头犁田，整地，用大镰刀把疯长的野草割断，干活的时候还得小心别被农田里到处乱窜的毒蛇给咬伤。他们会一直干到日暮，然后回到一间窄小的棚屋里，六个人挤在一起睡觉。一般来说，他们要在农场里干上一周，收集足够多的食物之后再回去带给全家人吃。

“卡滕德干起活来特别卖力，人又听话，”洁森特说，“要是给他安排一个活干，他从来不会跟其他孩子一样找借口偷懒，总是按时完成工作。”

辛辛苦苦干完农活回家之后，卡滕德他们首先感受到的是来自洁森特亲生孩子们的冷言冷语，提醒着他们，在这个家里，卡滕德们是要低人一等的。“他们不会说‘欢迎回来’，相反，他们会拦着我们问，‘给我带玉米了吗？’”卡滕德说，“你可以伤心地跑出去哭一场，可是，哭完该干吗还得干吗。寄人篱下的滋味不好受，可是我们必须学会咽下所有委屈。”

卡滕德把当时的生存状况归结为一个词：适者生存。平常，他的早餐只有一根香蕉，可是，香蕉根本填不饱肚子，于是，有一天早上，他假装一吃香蕉就肚子疼。从那天起洁森特阿姨就不再让他吃香蕉，改为一碗燕麦片，燕麦片可比香蕉顶饿多了。

“要这些小聪明只为一件事：我要活下去。”卡滕德说，“刚到这里的头三个月，我天天一个人待在角落里流泪。记得有一次，阿姨说要把我的衣服送给比我小的孩子穿，因为这些衣服我已经穿不上了。可是，我的衣服都是妈妈以前在市中心的商店给我买的，要把这些衣服拱手送给别人，对当时还是小孩子的我来说，比登天还难。因为我知道，一旦把衣服给别人，就别想再要回来了。衣服被拿走之后，我只剩一件红色的 T 恤衫，所以我每天都穿这一件衣服，以至于大家都叫我‘穿红衣的男孩’。”

家里有个叫洁森特的孤儿，比卡滕德大五岁，深得洁森特阿姨的欢心，所以洁森特阿姨给她起了跟自己一样的名字。小洁森特总是欺负卡滕德，有一次轮到她给大家倒茶，结果卡滕德在茶杯里发现了一只蟑螂。卡滕德知道是小洁森特故意放进去的，可他却没有证据。于是，他悄悄地把茶倒掉，跟谁也没提这件事。

“我真想把那段日子忘掉，”卡滕德说，“有时我会问自己：‘将来我会变成什么样子？’突然之间，生命中总是给你依靠的人离你而去，接着你就被抛在了一个完全陌生的环境，出现在了不该出现的地方，那么，什么不好的事都会发生。你要做的就是学着顺从，学着屈服，别人都没有错，错的总是你。你就是罪魁祸首。我记得有一天，不知谁说了一句，‘糖不够吃了，都怪那个新来的家伙。赶快滚吧，卡滕德，你就不该来这儿。’听他们这么说，我特别难受，因为我无处可去。每次有人指责我，我就会想，‘是不是我真的不属于这个地方呢？’这种想法一直折磨着我。我总是向上帝祈祷，‘上帝，请保佑我过上更好的生活吧。’”

洁森特阿姨说：“那时候，卡滕德一跟其他孩子吵架，他就会对他们吼，‘你以为我想过这样的生活？你以为我想让我妈妈死吗？’从他的叫喊中能听出他特别痛苦。”

卡滕德不止一次想过要结束这种痛苦的生活。“有一次我差点儿就这么干了，要是我有足够的钱，估计现在世界上就没我这个人了。”卡滕德说，“对我来说，我宁愿死去，也不愿这么窝窝囊囊地活着。我告诉自己，‘这样的生活对我来说一钱不值。妈妈已经死去，她已安息，我干吗不去找她呢？’我知道有个地方可以买到老鼠药，可是我却没钱买。我连死都死不起。”

这不是我的水平。

每次看到那张涂得乱七八糟的五年级成绩单，卡滕德就会在心里一遍遍重复这句话。现在的他正站在人生的十字路口。他得给自己找个活下去的理由，一个发自内心想要活下去的理由。很幸运，卡滕德身上有种独特的气质，也是他最宝贵的财富，这种气质在别的孤儿身上都无迹可寻，这种财富谁都无法从他身边夺走，就算总是折磨他的小洁森特也拿不走，那就是自尊自强。

六年级开学没多久的一天，卡滕德正在做数学作业，过去的斗志和信心突然就回来了。之前有段时间，卡滕德总是担心跟不上班里的同学，所以每次做作业，他都害怕自己犯错误，总得找人帮他。

“可是这次的作业我是独立完成的，”卡滕德说，“我想着：‘就把会的题目做完就行了。’作业交上去之后我特别担心会不及格，可是十二道题我居然只错了一道。看来我的水平又回来了。我心想：‘哇，这是我做的吗？’我突然对自己充满了信心，觉得自己什么都能做好。所以，我越来越认真，也越来越努力，逐渐把潜能充分发挥了出来。”

六年级第一学期结束时，卡滕德在班里排第三十七名，等这一学年结束，卡滕德成了班里的第三名。到了七年级，考试不再打分，不过卡滕德还是班里学习最好的学生。

一九九三年，十一岁的卡滕德到卢比日中学上中一（S1），班里一共有二百四十个学生。第一学期结束，拿到成绩单的卡滕德瞄了一眼自己的名次，看到“第一名”的字样。可是他太紧张，把“第一名”的“名”字看成了“五”，所以他以为自己是第十五名。他开心得不得了，把成绩单折好，一放学就跟朋友们一起玩去了。“过了一会儿有人问：‘谁是第一名啊？’”卡滕德回忆着当时的场景，“没人知道。所以大家都把自己的成绩单拿出来看。我把我的也拿了出来，递给他们之后就接着玩去了，因为我知道自己是第十五名。可是一个朋友突然叫了起来：‘嘿，大家快看，卡滕德骗我们。他明明是第一名，却不跟我们说！’我说：‘什么？不可能，我是第十五名。’然后我又拿起成绩单看了一下。”

卡滕德兴奋地拎起书包，一路飞奔，连跑五公里回到洁森特阿姨家。一到家，他就当着全家人的面宣布：“我考了第一名！”其他孩子们看着他的成绩单，都惊奇不已。“哇，他居然是第一名？”然后有人向他泼冷水，跟他说第二学期的课会比第一学期难很多，要是他第二学期考得不好的话，别人肯定会觉得他这次考试是抄的。

“那时我的学习态度很有意思，每天上学，看着班里的二百四十名同学，我都觉得他们想要超过我，”卡滕德说，“所以我把弦绷得紧紧的，一刻都不敢放松。”中一下学期，他是班里的第一名。中二（S2）整整一年，他是第一名。中三（S3）还是第一名。中四（S4）仍旧是第一名。

卡滕德喜欢考第一。当然了。在班里考第一让他有赢了比赛的感觉。他喜欢与人竞争，竞争越激烈，他的斗志越强。可是内心深处，卡滕德对学习并不热爱。对他来说，学习好只是他用来达到目的的手段。拿高分既能满足自己，也能告慰母亲的在天之灵，更能向身边的人证明自己的能力，何乐而不为呢？数学和科学能给他带来快意的感觉，可是却不能让他感受欣喜。只有一种比赛让他欣喜。只有一种比赛能击退他的心魔。只有一种比赛能让他从现实中逃离。也只有这种比赛他不用取悦任何人。

踢足球。

不论何时，只要奔跑在绿茵场上，卡滕德就觉得身边的一切不如意都在离自己远去，所有的烦心事也能瞬间抛在脑后。要是踢球得分，啊，那种感觉对他来说，简直就是天堂。只有在踢足球的时候，他才能彻底忘掉生活中那数不清的烦恼与忧愁。“从小到大，我所有的欢欣时刻都是足球带给我的，”卡滕德说，“只有站在球场上，我的内心才会感到极度安宁。”

内战之后，卡滕德和外婆从丛林回到基博加，还是个小孩子的他就开始接触足球。当时，卡滕德和小伙伴们拿干香蕉叶子团在一起，用植物藤蔓缠紧，做成足球。踢之前，他们会捡两小堆砖头，或者脱下上衣，用这些东西来记分。真正的足球比赛是怎么计分的，他们并不清楚。踢球的场地选在村子里一个泥地大院里，地上到处是坑洼不平的树桩，对他们来说，大大增加了进攻的难度。组建团队的时候，大家都想跟罗伯特一组。

“我那时个子还小，最开始我只会用右脚踢，”卡滕德说，“我有个好朋友特别让我羡慕，因为他会用左脚踢。我学他的样子，也用左脚踢，可是一下子就摔倒了，摔得还特别惨。当时我就想自己的左脚肯定是学不会踢球了。后来有一次，我突然用左脚踢球射门，居然得分了，这一分让我们赢得了比赛。我兴奋地跑回家，告诉外婆我能用左脚踢球的好消息。”

来到坎帕拉之后，他开始用一品脱大小的牛奶盒做足球。先把牛奶盒用热水烫软，然后使劲吹，吹大之后再用橡皮筋捆扎结实。踢球时，如果有人把这种“品脱球”踢到校园围栏的带刺铁丝网上，“砰”一下炸开，比赛就算结束。卡滕德总是会把一个小小的品脱球装进帆布书包里带到学校，一到课间休息和午休，他就把球拿出来，跟同学一起踢。等升到中五 (S5) 时，卡滕德已经是学校水平最高的球员。卡滕德的朋友把卡滕德的情况告诉了校足球队的教练，教练找到卡滕德让他参加校队，可是卡滕德拒绝参加。拒绝的原因一个是卡滕德没有踢足球穿的鞋，也从来没有踢过真正的足球，万一脚受伤怎么办？还有一个原因是，他不敢跟这些年龄比他大、块头也比他大的校队队员一起踢球。不过一听教练说他要是不加入的话，就拿藤条抽他，他又改变了主意。

第一次参加校内比赛时，卡滕德是场上唯一一个光脚踢球的队员，而且也是唯一一个进球的队员，这个球让他的队以 1∶0 的比分赢得了比赛。“我一下子就成了学校的名人，”卡滕德说，“我也成了英雄，在场的每个人都大叫我的名字向我道贺。”

虽然进球很多，可是卡滕德一点都不骄傲自满，他谦虚地跟队员说：“球场上其实有两个球，一个叫进攻，一个叫防守。你们防守做得好，我才有精力进攻。”

有一场比赛，卡滕德一下子进了六个球。他甚至能做到别人要他进几个球他就能进几个球。“如果学校有三个男生要我进球，我就会在比赛时进三个球，一人一个。”卡滕德说，“有时候等我进球之后，我会跑到场边对要我进球的人说‘这一分送给你’。还有一次，学校给我们准备了一箱汽水做奖励，要是进球就能得到这箱汽水。我进了球，跟队友一起分享了这二十四罐汽水。”

卡滕德最喜欢的战术就是先把球放在光脚的脚趾上把握平衡，然后趁人不备一下子把球踢过防守队员的头顶，再一个人带球冲向对方守门员。有一天他到教室，看见一个同学在黑板上为他画了一幅肖像，本该是右脚的地方，这个同学画了一个勺子。从那天起，卡滕德的外号就成了 kajiiko，意思是“勺子”。

很快，卡滕德高超的球技就在坎帕拉声名鹊起。如果卢比日中学没有比赛，他会去其他中学踢球。这些学校付给他几先令做报酬，也替他支付车费。等来到比赛场地，球队教练就把其他队员的球衣脱下来给他穿。一般情况下，他都会带着这支球队走向胜利。

“卡滕德是一个非常有天赋的年轻球员，”乌干达前国家足球队教练姆韦希加说，“他的奔跑速度特别快，射门水平也高，带球的水平更是高超。有这三点，就能成为一个很不错的前锋。从我们的标准来衡量的话，卡滕德的球技总有一天会让他踢进国家队。”

有一次，卡滕德被邀请参加乌干达十五岁以下国家足球队的训练营，可是他却没办法去，因为训练营的时间安排在假期，洁森特阿姨要求他必须去刨地。“家里人平时不让我们踢足球，他们也不知道我是个杰出的球员。洁森特阿姨更是什么体育运动都不喜欢。虽说我只要站在足球场上，有足球陪伴，就感觉自己无所不能，战无不胜，可是，要是有人能多给我些支持，我肯定就能踢进国家队了。”

卡滕德喜欢看每四年举办一次的世界杯足球赛，平时一到周六，他也会跟洁森特阿姨的丈夫阿米尔一起看乌干达电视台转播的德甲联赛。两人经常一起探讨场上球员的技巧，像尤尔根·克林斯曼和鲁迪·沃勒尔的球技就是他们喜欢讨论的。

“过去我总是憧憬着一幅画面，画中的我沿着山谷向上走，来到一个风景如画、绿草如茵的足球场，景色之美，如梦似幻。球场上这些著名球员正热火朝天地踢足球，我记得自己要加入的是另外一方，我进了一个球又一个球，很快我们队就赢得了比赛。这个球场在哪里，我不太清楚，但可以肯定的是，球场肯定不在乌干达，我们这儿可没有这么漂亮的场地。我一直期待着梦想变成现实的一天，也许，这一天真的有可能到来呢。”

足球让卡滕德敢于做梦。足球令卡滕德心情愉悦。足球使卡滕德与众不同。

“记得有一次球赛过后，我对自己说：‘如果当时自杀了，我还怎么体会射门得分带来的喜悦呢？真庆幸当时没干傻事。’”

足球让他重生。可是足球也差点夺去他的生命。

比赛开始之前，卡滕德走到好朋友塞伊尔身旁，问他：“你想让我给你踢进几个球？”

“你就算只进一个球，”塞伊尔说，“也是我莫大的荣耀。”

刚刚十五岁，升上中五才三个星期的卡滕德，已是学校的金牌射手。即将开始的这场比赛是卢比日学校的校内赛。比赛开始没多久，卡滕德接到了一个右路传球。他在球门区的边缘将球铲起，越过防守队员，接着全力冲刺朝球跑去，以抢在守门员之前拿到球。只见足球高高弹起，飞向空中。待球下落之时，卡滕德用尽全力跳了起来。这边，守门员也朝球猛扑过来，试图用拳头将球挡开。卡滕德用力把球顶起，球越过守门员张开的双手飞了出去。然而，守门员的拳头虽然没有击中球，却狠狠砸到了卡滕德的下巴上，把他的身子在空中翻了个个。卡滕德头朝下栽了下来。之后他就昏迷不醒。

球慢慢滚入无人把守的球门，卡滕德的同学们大声欢呼起来，声音响彻整个球场。跟平常一样，只要卡滕德一得分，他们就高声欢呼表示祝贺。可是这次等他们跑到卡滕德跟前，却发现卡滕德趴在地上一动不动，有血从脸上流出。当时卡滕德已经昏迷，双腿却仍在不停抽搐。同学们还以为卡滕德快死了，正挣扎着咽下最后一口气，都不安地向后退去。

学校校车立刻开了过来，把卡滕德送到了附近的鲁巴加医院。医生一看就说卡滕德的伤势太严重，医院设备太简陋治不了，要他们立即把卡滕德送到坎帕拉最大的医院穆拉戈医院去。卡滕德的情况十分危急，连换救护车的时间都没有，校车径直拉着他横冲直撞地驶过拥塞的街道，疾驰着开过大转盘，遇到跟蜗牛一样缓慢前行的地段，司机会不耐烦地猛按喇叭。等到校车终于把卡滕德送到穆拉戈医院时，卡滕德已经陷入昏迷。医生们立即开始全力抢救。

新学年开学前，卡滕德已从洁森特阿姨家搬了出来，因为洁森特阿姨从银行退休，收入下降使她没法再养活这几个孤儿。于是，罗伯特跟搬到坎帕拉的外婆住到了一起。因为听说可能又会发生叛乱，纳穆西西离开基博加来到了坎帕拉，住在一个名叫卡苏比的贫民窟里。意外发生的那天，纳穆西西一直等着罗伯特回家，却没有等到。医院给洁森特打电话告知卡滕德的情况，洁森特害怕到医院会看到不愿看到的一幕，所以她拒绝去看望卡滕德。“我根本就不敢去，他们跟我说卡滕德可能救不活了，”洁森特说，“于是我让他们去找我的另一个表亲，让她去照顾卡滕德好了。早就跟他说别踢球，现在你看看，后果多严重。”

当天晚上大约八点钟，卡滕德另外一个阿姨德兹接到了穆拉戈医院打来的电话。“我到现在都还记得接到电话的情景，”德兹阿姨说，“打电话的人跟我说：‘你儿子出了意外。赶快到医院来。再不来他就死了。’”

德兹阿姨急匆匆地跑到医院，发现在医院躺着的是卡滕德，情况已经十分危急。她守在卡滕德床边照顾他，彻夜未眠，时不时地看看他是否还有呼吸，隔一段时间用手碰碰他的脸，看是否还有体温，再拿毛巾擦去他嘴角和鼻孔里慢慢渗出的鲜血。

早上六点钟，卡滕德的身体突然开始剧烈颤抖。他醒了过来，痛苦万分，根本不知道自己身在何处。“第二天早上我醒过来的时候，睁眼看见了头顶的天花板，”卡滕德说，“因为我记得的最后一件事是在球场上踢球，所以我想我肯定是在教室待着的，接着又想起来教室的房顶不是这样。”

卡滕德左右瞅瞅，看见了在卢比日中学教书的德兹阿姨，还有几个身穿白大褂的医生也在旁边，接着又看到了他的球衣上血迹斑斑。“我在哪儿？”卡滕德问道，“我怎么到这儿来了？”

他想坐起来，可是一动，下巴就疼得撕心裂肺。医生给他注射了止痛药，急匆匆地推着他去做X光检查。检查发现他的下颌骨多发性骨折。随后医生给他做手术进行了缝合，手术结束后他无意中听到一个护士说：“啊，那个孩子居然活下来了？我们都以为他死定了呢。”

当天上午，卢比日学校的校长在全校大会上宣布有关卡滕德的消息，一开口就是：“不幸的消息……”还没等他把话说完，人群中有学生突然号啕大哭，原来他们以为卡滕德已经死了。校长接着往下说：“……大家知道，我们的球员卡滕德伤得特别严重，现在正在穆拉戈医院接受治疗。”

开完大会，学校停课，大约一百个学生浩浩荡荡一路走过坎帕拉的街道，来到穆拉戈医院，看看卡滕德是不是还活着。看到他居然醒着，状态还不错，大家都又惊又喜。美中不足的是他的下巴用金属丝固定着，没法说话。

卡滕德有几个朋友是再生基督徒，其中一个问他：“卡滕德，你这么有天分，踢球水平这么高，数学又那么好，你的学习成绩在班里也是第一，上帝给你了这么多才华，你干吗不信教呢？”

另一个来看望他的朋友也跟他说：“我们都以为你已经死了。一听说你还活着，我们都虔诚地感谢上帝。可是，卡滕德，你知道为什么你还活着吗？要是你死了，你知道你的归宿是哪里吗？没人知道自己什么时候会死。你干吗不信教呢？”

卡滕德住在基博加的时候，有时会去教堂，可是那时他还小，根本没把信仰当回事。现在，他躺在病床上，仔细思考着朋友们的问题。接着，他点了点头。

“从那一刻起，我就把自己的生命交给了耶稣基督，把耶稣当成了我的救世主，”卡滕德说，“万一我死了，至少死后能上天堂。我可不想下地狱。当时我就想，我最好现在就信耶稣，提前准备好，看我现在的情况，我可是随时都可能死掉。”

卡滕德下颌骨的金属丝过了一个月才拆掉。他在医院一共住了三个月。

医生告诉卡滕德，他以后再也不能踢足球了。

九个月之后，卡滕德开始尝试颠球。虽然时不时地还会头痛，可是，他却不想因为这点伤就放弃足球。他做不到。足球给了他生活的勇气，更重要的是，给了他生活的保障，足球是他的爱好，也是他的工作。

跟洁森特阿姨一样，德兹阿姨在菲丽达临终前也承诺要照顾罗伯特，所以，卡滕德受伤之后，德兹阿姨没有袖手旁观，让卡滕德回到贫民窟跟外婆住在一起，看他在那种地方凭一己之力恢复健康。等卡滕德一出院，她就把他带回自己家，算是实现了自己的承诺。德兹阿姨住在坎帕拉郊区丛林边缘的一栋小房子里。房子虽小，却很结实。经常有猴子从森林里跑出来到他们家的菜园偷菜吃，赶都赶不走，只有卡滕德跟他的三个新姐妹一起拿石头砸猴子，才能把它们吓跑。在阿姨家，卡滕德每天既做饭，又打扫屋子。他喜欢德兹阿姨，因为她跟卡滕德的妈妈长得特别像。他叫她“妈妈”，就像之前他喊洁森特阿姨“妈妈”一样。

卡滕德已有一年没有上学，因为洁森特阿姨付不起他在卢比日中学的学费，所以他没办法再回去。洁森特给了卡滕德十万先令，在那时相当于八十美元，让他再重新找一所学校。

进取中学布韦约戈热热分校是一所私立学校，招的都是成绩优异的学生。教务主任看了看卡滕德之前的成绩单，同意收他，不过学费是十八万先令。罗伯特说他只有十万先令。结果教务主任一听说卡滕德是个足球天才，就把他招了进来。

一到进取中学，卡滕德就组织了该校有史以来的第一支足球队，跟外校比赛。到了中五下学期，学校规定学生可以参与竞选学校各部门的领导职务，可是走读生没资格参选。校长看出卡滕德有领导天赋，但又不愿为他一个人改变规定，就跟卡滕德说他可以住校，然后再参选。于是，卡滕德把床垫绑在朋友的自行车上，自己跟在后面一路从德兹阿姨家跑到宿舍，成了寄宿生。卡滕德当选体育部长，负责选拔队员，组织比赛，安排出行。

就算这样，卡滕德仍旧囊中羞涩，经常饿肚子。学校有个女舍监，家就在学校里，经常会从家里给卡滕德端来食物让他吃。卡滕德喊她“妈妈”。学校的校长也十分欣赏卡滕德，总是对卡滕德说：“要是你没糖吃，就来找我。”卡滕德最盼望学校的访问日，一到那天，有个朋友的家长就会邀请卡滕德跟他们一起吃饭。从来没有人在访问日那天来看他，可是有一天下午，他的叔叔突然来学校找他，为了核实卡滕德是不是真的在这所学校上学。“我的亲戚们都觉得我在骗他们，”卡滕德说，“他们总是想：‘他怎么可能上得起这么贵的学校，而且还是寄宿生？’”

中五时，在卡滕德带领下，进取中学的足球队第一次获得区锦标赛的冠军。在学校的两年里，他既是球队队长，又是球队的头号得分手，同时也是球队的教练。中六（S6）第二学期快结束时，他参加了一场比赛，被人绊了一跤，重重摔倒在地，右手手腕骨头错位，再次被送进穆拉戈医院。医生本来要给他做手术，但害怕万一出问题，他的手就残废了。于是卡滕德跟他们说只要帮自己把骨头接上去就行。他本打算通过按摩使手腕复原，可是中学最后的大考马上到来，这次考试决定着他能否拿到政府奖学金，能否继续上大学，所以卡滕德开始训练用左手写字。考试开始了，卡滕德发现左手写得实在太慢，就忍着剧痛用右手写。写了没一会儿，手腕就肿了起来，他狠命摇晃，摇到手指恢复知觉再继续答题。

惴惴不安等待放榜的六个月里，卡滕德为了挣钱，干了各种各样的工作。他到一个由百事公司资助的足球俱乐部踢球挣生活费。他去德兹阿姨家里帮忙耕地，也帮他们洗车。他当过搬运工，给一个建筑工地往楼上搬大块大块的砖。他还做过一阵小生意，买了一部便宜的手机，专门租给没手机的人接打电话来赚点服务费。终于到了决定命运的一天，卡滕德回到进取中学看成绩。一到学校，好几个同学就跑过来恭喜他。原来，当天早上，学校在晨会上已经公布了考试结果。卡滕德拿到了奖学金。跟他一起踢球的队员们一看见他，就把他团团围住向他道贺。他们说：“卡滕德，你成功啦！”

卡滕德考上了克雅博格大学，学费全免，食宿全免。现在的他看似万事俱备。可是，他却突然失去了生活的方向。出路到底在哪里，他一片茫然，也无人可问。上大学之后没多久，德兹阿姨有一天突然来找他，跟他说他的父亲病得很严重，现在正在坎帕拉。他去看望父亲。跟这个男人已经超过十年没见面，卡滕德对他一点感情都没有。塞玛库拉也好不到哪儿去，他的孩子众多，看见卡滕德他差点没认出来自己的儿子。父亲死后几个月，他才怀疑父亲可能是死于艾滋病。在父亲的葬礼上，他突然意识到，自己多么需要一个强有力的男性做他的人生导师。

"虽然跟父亲多年未见，可是一想到他就在那里，对我来说，是个安慰。"卡滕德说，"他的死让我纠结了很久。现在我真的是个孤儿了。在他的葬礼上我向上帝祈祷：'耶和华啊，你是我的神，你是我的父。也许你会派人来指点我渡过难关呢。'"

卡滕德的父亲死后没多久，奇迹来到了。一天，奇迹足球俱乐部的球员突然出现在卡滕德效力的百事俱乐部，跟他们踢了一场友谊赛。俱乐部的队员踢得很精彩，可是，真正打动卡滕德的是赛后发生的事。比赛结束后，队员们邀请在场的所有人听他们宣讲上帝箴言，劝说大家皈依基督教。卡滕德饶有兴趣地观察着他们，看他们如何向人们传教。随后，他问其中一个队员自己能否加入，于是，就有了卡滕德和奇迹俱乐部的教练卡兹的会面。

卡兹以前是乌干达国家足球队的队长，球队的强大后卫。从来不说废话。总是在球场上现场指导大家踢球。

"卡滕德作为前锋是个可造之才，所以我毫无保留地把能教的东西都教给他，帮他成为更好的球员。可是，他灵修时的专注，祈祷时的认真，听我宣讲上帝箴言时的热切比他的足球水平更让我印象深刻。”卡兹说。“其他队员加入俱乐部之前，会问各种问题，什么‘我能得到什么？我的待遇怎么样’等等。卡滕德不同，他什么要求都没有，什么条件都不提。加入俱乐部不是为了混口饭吃。对他来说，加入俱乐部让他精神上得到满足，心灵上找到安宁，人际交往能力得到提升。这正是卡滕德深深打动我的地方。以他的实力，完全可以加入国家队，可是，他却选择了把自己奉献给上帝。”

在克雅博格上学的两年间，卡滕德一直效力于奇迹俱乐部。因为功课繁忙，他没时间跟队友一起训练，可是在比赛时他却是队里得分最多的球员。几乎每场比赛他都会进球，有时打进两个球，有时打进三个球。有了他的助攻，球队实力迅速提升。比赛之后的传教让他越来越自在，他也越来越珍惜球员之间难舍难分的兄弟情。“我永远不会忘记，有一次比赛进行到一半，卡兹把双手放在我肩上，把我拉到他跟前，”卡滕德说，“对我说了几句鼓励的话，就是那一刻，我突然觉得自己有了一个真正的家。”

二十岁，卡滕德从克雅博格大学毕业，拿到了土木工程的学位。本来，乌干达国家水务公司在他到该公司参加工程师培训时答应过，等他毕业就让他去上班，可是等他到公司办公室要求上班时，对方却跟他说他们不缺人。卡滕德再一次无家可归。学校的宿舍已经退掉，他也不想再回德兹阿姨家，因为在那里找不到稳定的工作。他身上还有一点钱，是学校发的培训补助。用这点钱，他租了间小屋子。现在，他的全部身家就是一个茶杯，一个叉子，一张床垫，还有一个毯子。毕业几个月了，卡滕德还在为没钱填饱肚子而犯愁。每次在俱乐部打完比赛之后，卡兹会给卡滕德一些钱让他坐出租车回家，每次，卡滕德都会走路回家，好把钱省下来买饭吃。

二〇〇二年圣诞节前夜，卡滕德的情绪低落到了极点。他想去德兹阿姨家，想要待在一个他曾经离开，但对他来说又最像家的地方，可是，他连去那里的车票钱都没有，也没东西可吃。那天晚上，卡兹给卡滕德打电话邀请他去过节。卡滕德徒步三公里走到卡兹家，饱饱地美餐一顿，还收到了卡兹送给他的圣诞礼物：一万先令。

“说这些话很让人难为情，可是大家肯定都是走投无路了才会向人求助。”卡兹说，“那天晚上卡滕德来我家的时候，囊空如洗，不名一文。我一眼就看出这个年轻人急需有人对他伸出援手。我全心全意地听他讲自己的遭遇，真心诚意地向他伸出援手，因为我喜欢与孩子们分享一切。”

卡滕德用卡兹给他的钱坐车去了德兹阿姨家过圣诞。“我去的时候，全家人玩得正开心，大家在喝啤酒，也给了我一瓶。”卡滕德说，“我是再生基督徒，所以不能喝酒，可是我又不想惹他们不开心，所以就接了过来。回家的时候，我把啤酒带回了家，因为实在不舍得丢掉。”

没过多久，卡滕德就把圣诞节收到的钱花光了。“我又饿又渴，就问自己：‘我该怎么办？’”卡滕德说，“我没法喝水，因为没有煤油烧水，又不敢喝生水，因为生病了会没钱治。我的大脑一片混乱。然后我看到了一个东西。那瓶啤酒。我问上帝：‘上帝呀，我能喝这瓶啤酒吗？’接着想起以前听有的基督徒说一个人要是快死的话，他就应该想尽一切办法让自己活下去。我一个人静静地坐在屋子里，思前想后，终于下定决心，对上帝说，‘上帝啊，我要把这瓶啤酒喝掉。’然后，把啤酒倒进杯子，盯着杯子看了一会儿，接着双眼紧闭，一口气把一杯啤酒吞进肚子。一滴不剩。”

第二天，卡滕德把空啤酒瓶卖给了收破烂的人，换了两个大芒果。接下来的几天，他就靠这两个芒果度日。就在卡滕德的精力全部耗尽，开始失去生活的勇气时，卡兹告诉他，一家名叫“超越体育”的美国传教基金会在招人，让他去参加面试。该基金会的服务宗旨是帮助全世界最贫穷地区的人们开展体育锻炼，并提供救济和宗教信仰的支持。卡兹执教的一家名叫好消息的足球俱乐部就隶属超越体育基金会。这家俱乐部跟奇迹俱乐部一样，也在球赛之后进行传教。卡滕德终于抓住了丢给他的救命稻草。

“初来应聘的卡滕德在我看来，跟一块璞玉一样，正等待上帝之手的雕琢。”卡兹说。“刚到我这里来时，他可不是作为上帝的仆人来找我的，不，不，不，绝对不是。那时的他，还只是个孩子，需要有人塑造他，有人引导他，有人为他指明生活的方向。每个人蒙主召唤服务教会，都是需要一个过程的，假以时日，本质自会升华。”

经过卡兹近一年的悉心教导，青涩男孩蜕变为成熟男人。卡滕德和卡兹作为前锋和后卫，配合默契。卡兹成了卡滕德的良师益友。卡兹不是父亲，却又胜似父亲。卡兹教他怎么教学生。卡滕德学习卡兹的一举一动，学他怎么跟人打交道，学他无限的耐心，学他如何解决难题。卡滕德记得有个球员在一次比赛中恶意铲球，卡兹立即叫停比赛，把大家召集在一起，清清楚楚、明明白白地指出，以后不允许再出现不计后果的危险动作，那声音不怒自威。最让卡滕德欣赏的是，无论何时，只要卡兹一开口，所有人的注意力都能立即集中到他身上。慢慢地，卡滕德跟卡兹学会了如何赢得体面的尊重。卡兹展现出来的非凡的仁爱之心也让卡滕德钦佩不已。每到发薪水的日子，卡兹总是会偷偷塞给卡滕德三千先令，虽然卡滕德知道自己只挣了一千先令。

二〇〇三年，卡滕德的培训结束。基金会安排他去卡推教贫民窟的孩子们踢足球，同时进行传教。超越体育基金会对项目的实施提供了蓝图。卡兹给他讲解了实施要点之后，专门跟他说，基金会允许自由发挥，他要切记随时根据孩子们的需求调整计划。

项目要从卡推的一个区域纳克尔开始，再逐步向其他地区推进。卡滕德以前从没到过纳克尔，所以，项目开始的第一天，他带着基金会提供的两个崭新的足球来到纳克尔，到处走走看看。走在贫民窟街道上的卡滕德很快就吸引了许多好奇的孩子，这些孩子跟着他一路走到一个垃圾场，于是，垃圾场就成了临时的足球场。刚开始，只有寥寥几个孩子跟他一起踢球，不过，教练带着新足球来贫民窟的消息不胫而走。没多久，踢球的孩子就发展到六十个，各个年龄段都有。每天下午，这些孩子会来到垃圾场，跟卡滕德一起踢球。

踢完足球，卡滕德会给他们宣讲基督教义，间或会让孩子们分享他们在生活中面临的挑战，也会跟孩子们分享他自己的亲身经历。每次讲习结束，卡滕德都会拿出他自掏腰包买的甘蔗分给大家作为奖励。参加这个项目的都是些野孩子。这些孩子没钱上学，许多是孤儿，有些连家都没有，所有人都迫切需要有人引导他们走好自己的路。

“刚开始有些孩子试着挑衅我，不过，对我来说，任何不良行为我都能轻松化解，因为，我自己就是这么过来的。”卡滕德说，“我告诉他们我到这里来不是为了挑他们的毛病，而是为了带给他们我的关心和爱护。我发现，只要给这些孩子足够多的尊重，他们就会慢慢对你打开心门。从这些孩子身上，我学会了做事之前不要总是‘我认为这是对他们好’，而要考虑‘孩子们会不会觉得这样好’。我以为我是在教这些孩子做人，可实际上，是这些孩子在教我做人。”

足球项目进行到差不多一年时，卡滕德发现了问题。有几个孩子，每天都会站在边线附近看大家踢球，却从来都不上场，其中就有个名叫伊凡的孩子。有一次，卡滕德问伊凡：“你怎么不一块儿踢球？就算踢得不好也没关系，我们都是刚刚开始学。”

“教练，”伊凡说，“我不敢踢球是因为我之前受过伤，骨头很容易断，可是我没钱治病，所以不敢踢。”

听了他的话，卡滕德知道自己该跟卡兹建议的那样“自由发挥”了。“那一刻我问自己：‘这些孩子对足球不感兴趣，那我能教他们点什么让他们参与进来呢？’”卡滕德说，“我需要找到另一种运动，重新搭建平台让这些孩子参与进来。而且，跟足球一样，我自己得会玩这项运动，这样的话，才能跟他们建立更紧密的联系。”

一个月来，卡滕德都在思考到底该教这些孩子什么。他想过教他们在乌干达比较流行的国际跳棋，可是，国际跳棋总被大家当成是赌博游戏。他又想过让他们进行接力赛跑，可是这种运动太单调，很快大家就会厌倦。教他们篮球吧，自己既没有篮球，也没有篮筐。正当他绞尽脑汁地想自己到底有什么时，突然灵光一闪：有一种游戏对乌干达人来说太陌生，所以母语当中都找不到对应词。教孩子们学这个游戏的念头听起来也很奇怪，连他自己都怀疑是否现实。“我问自己：‘这个计划可行吗？’”卡滕德记起当时的情景，“这些孩子没受过教育，又是生活在这样一个环境，他们真的能学会这个游戏吗？”

## 第三章

# 先锋棋手

一天，踢完足球，卡滕德把孩子们召集到他身边，问他们："你们想不想学一个新游戏？"

身旁围了二十个孩子。看到伊凡和其他几个总是旁观球赛的孩子都举起了手，卡滕德很开心。

"什么游戏啊？"一个孩子问道。

"国际象棋。"卡滕德回答。

听到这个词，孩子们一脸茫然。没人听说过国际象棋。

然后，一个孩子开口了。"哦，我知道怎么玩，"他说，"找一块空地，一个人在前边跑，另一个人在后边追，什么时候追上，什么时候游戏结束。"

"不对，"卡滕德说，"我说的是 CHESS，不是 CHASE( 追逐 ),C-H-E-S-S。国际象棋。"

卡滕德从背包里掏出一个人造革棋盘，找了块稍微平整的地面，把棋盘铺在上面。接着掏出一个塑料袋子，把里边装的棋子哗啦一下倒在棋盘上。孩子们好奇地看着眼前的东西。棋盘横纵各八格，颜色一深一浅交错排列，一共六十四个小方格。棋子共三十二个，分为黑白两组，各十六个。卡滕德拿起一个马(knight)，问他们这个棋子长得像什么。"他们说这是一只山羊，”卡滕德笑着说，“我告诉他们这个棋子长得像一匹马，可是他们根本就没见过马。干脆，我们重新给象棋中的马起了个名字，指‘马’为‘狗’。卢干达语叫 embwa。大家玩得特别开心。第一天基本上什么都没教。我想先激发他们的想象力，好让他们第二天还会来这里，继续兴奋地学习。”

第二天刚开始上课，有个孩子问了个问题：“教练，我们什么时候才能把这三十二个棋子全部学完？还有，这些棋子在棋盘上怎么移动？”

卡滕德想出了一个计划。他让孩子们把棋子分类，不管深色浅色，只要形状一样，就放在一起。三十二个棋子一共分了六堆。然后，卡滕德从每一堆里拿出一个棋子跟大家说：“如果你们学会这六个棋子，那就等于学会了所有棋子。”

又过了一天，他开始教孩子们每一个棋子的名称，把名字写在地上以示强调。然后，随机抽查他们是否掌握。记住名字之后，就该讲这些棋子在棋盘上的摆法了。卡滕德的进度很慢，讲得也简单。欲速则不达。每天踢完足球，留给象棋课的时间只有四十分钟，要是太长的话很可能有人会倦怠。卡滕德一点都不急。这些孩子还有别的事可干吗？

再一天，他开始教他们棋子的走法。从兵开始。他先走棋给大家看。兵在原始位置时，即走第一步时，可以走一格，也可以直进两格。不在原始位置的兵每步只能前进一格。讲完之后让大家轮流在棋盘上练习兵的走法。最后，一个脾气暴躁的孩子心烦意乱地说：“教练，我们就这样在棋盘上走来走去有什么意思啊，谁也不能吃谁。”

卡滕德告诉他们不要着急。等到大家都掌握了兵的走法，他开始教孩子们兵的吃子方法。兵的吃子方法与行棋方法不同，不是直进直吃，而是直进斜吃。如果兵的斜进一格有对方的棋子存在，就可以吃掉对方棋子占据该格。

“结果，有些孩子吃子时走的是行棋的走法，行棋时走的是吃子的走法，整个棋盘被他们搞得乱七八糟。”卡滕德说。

孩子们上了三四次课才掌握兵的行棋和吃子方法。为了不让大家丧失信心，他说兵是最难学的一个棋子，走法与其他棋子完全不同。

学会了兵的走法之后，卡滕德教他们其他棋子的走法。他告诉孩子们车的走法跟兵比较像，不同之处是车的格数不受限制，横竖均可以走，只要没有其他棋子挡道就可以。

教完车，又教他们马。马的走法跟车相似，只不过马在行棋时每步只能朝直线方向跳两格，再变换直线方向拐一格。卡滕德知道，对孩子们来说，马的走法实在让人头痛，所以他自创了一个口诀降低难度，这个口诀到了孩子们嘴里，就成了舞步节拍。一二——转。一——二——转。卡滕德故意让他们比赛，看谁最先学会在心里默数，结果所有人走马时都努力试着不动声色，生怕别人看出他们数节拍的举动。后来，卡滕德在棋盘上放了一个黑方的马和一个白方的兵，让孩子们想办法用黑方的马吃掉白方的兵。

“这个迷局非常有意思，”卡滕德说，“孩子们脑子里得不停地‘一——二——转，一——二——转’地想着走马，可是兵在棋盘上基本是停留在原地不动的，那么，马到底要走几着才能正好走到兵的位置把兵吃掉？要是一不留神，走到兵的旁边，就没法把兵吃掉，又不能冒险把马挪走，万一走错，很可能反被兵吃掉。这个棋局难为了他们好久，不过最终大家都顺利完成。”

学会走马之后，再教他们走象。象是棋盘上唯一一个带有宗教色彩的棋子。孩子们把这个词转换成了卢干达语 Munadiini。讲解象的走法比前几个容易些，因为象只能斜走，也只能在同色格子里走，黑象永远在黑格里行走，不能走到白格里去，白象永远在白格里行走，不能走到黑格里去。这种走法跟国际跳棋里的王走法比较相像。好多孩子都会下国际跳棋，所以，会下的教不会下的，卡滕德就坐在后面安静地看他们练习。

学习后的走法特别容易。卡滕德一手拿一个象，一手拿一个车，跟孩子们说把象和车的走法放在一起，就是后的走法。

终于到了最后一个棋子——王。王的体积比其他棋子庞大许多，所以孩子们以为王的走法肯定也会繁复许多。可是，卡滕德跟他们说，王每次只能走一格，方向不限，横竖斜都可以。看到孩子们眼中失望的眼神，他给他们讲了一个故事，把象棋中的王和现实中的国王联系在了一起。

“我问他们：‘你们知道布干达王国的卡巴卡吗？要是知道的话，谁见过他到处跑？’”卡滕德说，“没人见过卡巴卡到处乱跑。于是我说：‘他当然不会乱跑，因为他的地位至高无上，因为他是国王，所以他不会到处跑。他善用策略，讲究技巧，只需小小一步，他的目的就能达到。’对于象棋中的王，他们有了新的认识，因为他们知道象棋中的王跟卡巴卡一样地位尊贵，被大家景仰，所以不会瞎跑。”

虽然卡滕德花了好几个星期精心准备，给大家讲解每个棋子的走法，来学棋的人却越来越少。“有个叫杰拉尔德的孩子，每次不到二十分钟就会睡着，口水顺着嘴角往下流。”卡滕德说，“我要是走到他跟前，问他是不是不舒服，他就会突然惊醒。到这个时候，已经有好几个孩子都不来了，因为他们觉得要想把国际象棋学会简直是遥遥无期。”

人数从最初的二十个逐渐减少到五个，有几周，只剩下可怜巴巴的三个。卡滕德想起最初曾担心过的事，有点怀疑这个象棋项目还能否继续开展下去。“这些孩子真的能学会这个游戏吗？”

等讲完所有棋子的走法，剩下的三个孩子又想办法把刚刚退出的那两个孩子叫了回来。等他们一加入，卡滕德就让已经学会的孩子教这两个还没学会的孩子。慢慢地，人员稳定下来，伊凡、塞缪尔、杰拉尔德、朱利叶斯和理查德这五个男孩每次都按时到来。卡滕德给这五个孩子起了个名字，称他们为“先锋棋手”，他们也亲切地喊卡滕德为“罗伯特教练”。

“我们这几个先锋棋手对国际象棋的兴趣越来越浓，”理查德说，“后来，大家都不怎么踢球了，时间都用在下棋上，因为我们实在是太喜欢下棋了。下棋锻炼了我们的大脑。”

理查德被卡滕德指定为队长。卡滕德记得，第一天到卡推开展体育传教时，跟他一起在垃圾场踢足球的人中有理查德；第一批加入足球项目，从来没有缺过一次练习的人中也有理查德。一天晚上，卡滕德想帮理查德在队员中树立威信，就把唯一的一副棋盘连带棋子交给他，让他带回家保管。很快，理查德把棋盘又还了回来。

“为什么还回来？”卡滕德问他。“你为什么不愿意为大家保管棋盘？”

面对教练的问话，理查德一声不吭。没办法，卡滕德把他拉到没人的地方又问了他同样的问题。

“对不起，教练，”理查德说，“我爸爸每天晚上回家都喝得醉醺醺的，动不动就打我妈妈，还砸家里的东西。我怕他把我们的棋盘砸坏。”

当天，理查德想了个方法解决了棋盘问题。他召集小伙伴们一起在垃圾场寻寻觅觅，捡了许多瓶盖，又捡到一大张卡纸板。大家在卡纸板上画了六十四个格子，交错着涂上阴影，做成棋盘，瓶盖上分别凿出三十二个棋子的名称，这样，一副简易的国际象棋就做成了。之后的无数个夜晚，卡滕德回家之后，先锋棋手们就用这副由纸板和瓶盖组成的棋具，不知疲倦地下着他们最喜欢的新游戏，直到夜色深沉。

罗伯特教练自学成才。在卢比日中学的第二年，他看到朋友总是在学校操场跟人下国际象棋，就站在旁边看，看多了，也就学会了。

“刚开始，我看到朋友跟人下这种看起来奇形怪状的棋，就问他们：‘你们玩的是什么？’”卡滕德说，“他们跟我说这是给聪明人玩的游戏。我要是想玩这个游戏，就得证明自己非常聪明。”

卡滕德每天晚上都看同学下棋，看了好久才有勇气跟他们对弈。后来，他从朋友手里低价买了一副二手棋具，棋盘是人造革材质。之后几年，他时不时地会把这副棋拿出来下上几局，消磨时光。国际象棋对他来说只是消遣，所以，直到中学毕业，他都没有参加过任何比赛。唯一的一次参赛经历还是在克雅博格大学读土木工程的时候，他参加了一场比赛，与他对弈的都是些棋艺高超、出身富裕、一直坚持训练的专业棋手。卡滕德的童年历尽沧桑、颠沛流离，能保留到现在的东西屈指可数，这副中学时买的棋具就是其中之一。后来，也是这副棋具跟着卡滕德到了卡推，带领卡推的孩子们走入国际象棋的纵横天地。

卡滕德的棋艺在一次次磨炼、一次次失败、一次次总结中逐步提高，于是，他用同样的方法打磨这几个先锋棋手。他承认，刚开始教孩子们下棋的时候，有许多规则他自己都不懂。几个月之后，超越体育基金会的朋友送了他一本名叫《国际象棋入门教程》的书，他才开始系统学习。这本书教了他一些基本的策略和技巧，也告诉他占据棋盘中间的位置对掌控整个棋局的重要性。这本书教会了他“王车易位”，告诉他每局棋中，双方各有一次机会使王和车交换位置，还教会他什么是“长易位”，什么是“短易位”，更是强调对局双方最好在棋局开始之初的前十着之内就完成易位。看了这本书，他才知道，原来国际象棋可以分成三个阶段：开局、中局和残局。“这本书是我象棋生涯的转折点，”卡滕德说，“我先仔细研读书里的每一句话，学习每一个步骤，之后再现学现卖，教给我的孩子们。”

掌握一定的理论在下棋时能帮助棋手对全局进行分析与判断，而不是仅仅关注眼前的一步。卡滕德虽然没有教孩子们深奥的理论知识，可是他告诉学生要学会分析棋局，每一次行棋都要尽可能保证是最佳战术。起初，孩子们每走一步都想要吃掉对手的棋子，根本不管这一步会对后边的走势产生什么样的影响。他们的关注点只在眼前这一步。卡滕德慢慢引导他们要学着计划，学着计算，更要有前瞻意识，每走一步都要提前预设好下一步，接下来的两步、三步甚至更多步该怎么走。

“我非常不喜欢有些棋手的做法，跟着象棋理论学一些战术，自己依样画葫芦，也这样走，要是问他为什么走这一步，又答不上来。”卡滕德说，“我的棋手必须要能说出来走每一步的原因。理由可能不充分，也可能说得不对，但至少说明他动脑子了。”

卡滕德教他们一个棋子一个棋子地下。先锋棋手们刚开始下棋时，棋盘上只有兵。等到学完车的行棋规则，再把四个车加到棋盘上。“起先，大家下棋的时候不分黑白，谁想走哪个颜色的棋子就走哪个棋子，只要走法正确，我就不干涉他们。”卡滕德说，“我自己下棋的时候也不看颜色，不是非得先白棋，后黑棋，再白棋，然后再黑棋这么严格，有时候白棋都连着走了十步了，黑棋还一步都没走。有人直接把己方的后走到对方的王旁边，走了几步之后，再用对方的王把己方的后吃掉。刚开始嘛，没必要那么严格。我想让他们先学会正确地走棋，再正规起来。”

头几个月，先锋棋手们一直以为如果一个棋手把对手的棋子全部吃掉，那么他就赢了。等到卡滕德认为大家已经准备好接受更多知识，他才告诉他们，判断一个人是不是赢了这盘棋，要看他的某个棋子是不是能够直接攻击到对方，威胁下一步就能吃掉对方的王，这在国际象棋中称为“将军”，卡滕德戏称这一着为“瞄准”。如果被将军的一方无法应将，就叫作被“将死”，将军的一方获胜，这盘棋结束。

“起初大家看到自己的王被将军时的反应都特别有意思，”卡滕德说，“每个人都一惊一乍，连呼吸都急促起来。‘我该往哪儿跑？我该怎么办？’”

大家都不理解，为什么不需要把王吃掉，也可以结束一盘棋。于是卡滕德把“将军”这个词用孩子们听得懂的话又讲了一遍。

“孩子们总是问我：‘要是我能直接把对方的王吃掉，我干吗非得提前告诉他让他防备我啊？’”卡滕德说，“我告诉他们：‘当然不能一声不吭地吃掉对方的王。这跟不能杀总统是一个道理。总统只会被抓起来。你们谁见过有人一声不吭地把总统杀掉？他是我们国家的大人物，把他抓起来影响就够大的了。瞄准对方的王就像是你跟总统说：你现在有危险了。有没有人来救你啊？如果没人救他，那你就抓住他，游戏结束。’”

为了解释得更清楚一些，卡滕德给他们展示了自己在《国际象棋入门教程》里学到的“愚者自将”的将杀手法。“愚者自将”又称“两步将死”，是国际象棋中最快的将杀方法，指的是在对手水平极弱的情况下，只需几步就能将死对方。

最后，卡滕德开始跟先锋棋手们对弈，有时候是五个人轮流跟他下，有时候五个人一起商量下一步该怎么走。每走一步，他都会详细解释自己为什么要这么走，也会全面点评孩子们走的每一步。每当此时，大家都全神贯注认真听讲。卡滕德绞尽脑汁，想了各种刁钻古怪的棋局挑战他们的极限。

“有一次我教他们如何在己方只有两个象一个王，对方只有一个王的时候赢了这局棋，”卡滕德说，“我没有跟他们说要怎么做。我只是问他们：‘现在我只有一个王，谁能把我将死？’我们走了五十多步，结果也没人把我将死。他们沮丧地说：‘教练，我们根本不可能将死你。’我只简单地告诉他们，走对了棋，就能将死，其他什么都没说，让他们自己去琢磨。他们真的琢磨出来了。”

时光流逝，除了几个先锋棋手之外，参加到象棋训练中的人慢慢又多了起来，很可能因为，大家听说训练完的奖励从每人一截甘蔗变成了每人一碗粥。口口相传，为了喝一碗粥而来学棋的人越来越多。卡滕德意识到这小小的棋盘对这群孩子来说意义比他想的要深远得多。他们是贫民窟的孩子，他也是贫民窟的孩子，他们现在的生活就是他过去的生活。终其一生，他们都逃脱不了悲惨的宿命。

“我开始相信，对贫民窟的孩子们来说，国际象棋可能是他们摆脱宿命的最好工具，”卡滕德说，“下象棋时用到对手身上的招数全都可以用到日常生活中。对手每走一步，就像是对你的挑战，你会绞尽脑汁去想：‘我该怎么做才能应对眼前的困难？’对这些孩子来说，他们的日常就像下棋，要应对数不清的困难与挑战。我跟孩子们说，下棋时，除非被对方将死，否则永远不能临阵脱逃，永远不能放弃努力。面对生活也一样。棋如人生。这就是国际象棋的魅力所在。”

很快，卡滕德发现，因为灵感层出不穷，象棋训练和训练之后的精神指引越来越难以区分。有时正在训练，要是看到下棋的孩子突然变得情绪低落，他就会给大家讲讲《圣经》里约瑟的故事。

约瑟跟他的兄弟们住在一起，他并没有犯什么错，可是他的兄弟们却想伤害他。后来他们居然把他卖掉当奴隶。要是约瑟因为自己的悲惨遭遇而怪罪别人的话，那肯定要怪罪他的兄弟们。可是，这一切都是上帝的安排。他承受了数不清的苦难，最终得到了至高荣耀。你们也要坚信，任何苦难都只是暂时的。遇到挑战，要先想一想从中得到的教训是什么？上帝为什么要让这些事情发生在我身上？他想让我从中得到什么益处？这是磨难，还是历练？你们要磨炼筋骨，强健体魄，等困难降临时才能从容应对。

如果有谁突然之间失去信心，他会把自己最喜欢的庸医的故事讲给大家听。

假设一下，有一天你生病了，不舒服，于是你去诊所看病。有个医生对你说："年轻人，你病得不轻啊，得打一针。不过我不太清楚我还会不会打针。让我先试试吧。"于是，他找了块海绵，在上边扎了几下，然后说："好啦，我大概想起来了。好吧，来，我给你打针。"请问，你还敢让他给你打针吗？当然不敢了。为什么不敢呢？因为这个医生自己都不相信自己的水平，你又怎么能把自己的命交给他？当然不能。所以，如果你对自己都没有信心，又怎么指望别人对你有信心呢？

卡滕德的课程像一个平台，把贫民窟这些悲观厌世的孩子聚在一起，切磋棋艺，也互帮互助，让每个人都学会预见美好未来。

"总有一天，下棋时你会洞察对手的思想，能够看到他提前预设的好几步，"卡滕德告诉他们，"棋盘上的棋子还没走，你们就已经在大脑中看到接下来的走势如何。你们都会成为预言家。"

象棋训练的第一天，也就是卡滕德把棋盘放到土地上，再把棋子倒在棋盘上那天，布莱恩·穆特希就坐在孩子们中间。足球训练开始时，十一岁的布莱恩也最早加入。为了踢球，他宁愿冒着回去会被妈妈打的危险，一有机会就偷偷扔下本该他干的家务活跑出来。跟其他孩子相比，布莱恩身量较小，所以，跟一群个子比他高、身板比他壮、球踢得比他好的人一起踢球，常常感到灰心丧气、无奈沮丧。可是，他还是每天都来，不是为了踢足球，而是喜欢听那个年轻的教练说话，当然，还有，来了就有东西吃。

第一天参加象棋训练，布莱恩就喜欢上了这个游戏，他一眼看出在这个游戏里，身高似乎无关紧要。国际象棋是智力的交锋，对他来说，似乎还没有谁比他更古灵精怪。也许，有史以来第一次，他终于找到真正擅长的东西了，说不定就是国际象棋呢。国际象棋让他回想起过去父亲在世时，带他去录像厅看的那些战争片。屏幕上，士兵们站在马背上，手中拿着长矛冲向敌军。当兵打仗的感觉让他痴迷。交战双方拼力厮杀，不战就死。看到象棋的棋盘和棋子，他的感觉也是这样。

最初几个月，布莱恩一有时间就跑去下棋，坚持的时间挺长，一直到学会兵的走法和吃子方法。可是也不够长，因为他还没学会所有棋子的行棋方法，就出了意外。一天晚上，下完棋回家的布莱恩被一辆自行车撞了，伤得很厉害。有人把他送回家，夜里撒尿的时候他看到自己的尿里有血。第二天，他被送到医院，医生检查过后发现他被撞得内出血。他在医院住了一个星期，出院后不得不待在家卧床休养，可是心里却盼着继续进行象棋训练，想着和朋友们见面，急着找回刚刚把握住的稳定感。那时，他才意识到自己真正渴盼的并不是下象棋的感觉，而是那里的人们带给他的亲如手足的温暖。三个月后，等到布莱恩完全康复，再次回到象棋训练场，卡滕德已经给那几个曾经跟他一起下棋的男孩起了一个名字：先锋棋手。

那时，象棋训练场已经从从垃圾场挪到了穆格鲁瓦主教办公室外一条脏兮兮的走廊上。那里有屋顶帮助孩子们遮蔽风雨，也有昏暗的灯光给孩子们照亮，好让他们在贫民窟早早降下的夜幕中多下一会儿棋。大概二〇〇五年的一天，布莱恩又一次偷偷从妹妹菲奥娜和弟弟理查德身边溜了出去，一路飞奔到象棋训练场。那时的他，根本不知道自己无意中已开辟了一条道路，也想象不到这条道路会通向哪里。他更不可能知道，有人走在他开辟的道路上跟着他到了这里。卡滕德看到了这个人。走廊一边，一个人正站在拐角处，偷偷往这边看。

一个小姑娘。

第四章

# 复活

“我对父亲一点印象也没有，”菲奥娜说，“父亲死的时候我年龄还太小，根本不知道他死了。参加完父亲的葬礼，我们在村子里住了几周。有天早晨我刚睡醒，我姐姐朱丽叶跟我说她头疼。我们找了些草药给她吃，吃完她就去睡觉了。第二天早晨，姐姐躺在床上，死了。我记得的就这么多。”

只有上帝才知道这孩子是哪天出生的。没有出生证明。没有任何文字记录。填表格这种事卡推的诊所才懒得去做。许多非洲人要是想知道自己出生于哪一年，就会根据当年国内发生了什么重要的大事来判断，不过要想知道具体到哪一天就不可能了。对乌干达人来说，许多人会根据当年打了什么仗来判断自己的出生年份。哈丽特只记得三女儿出生于一九九六年，可不记得是哪一天。干吗非得知道是哪一天出生的呢，反正贫民窟的孩子又不过生日。

哈丽特不识字，所以没给刚出生的女儿起名字，连个小名都没起。她有个表亲叫南特扎，给自己孩子起的名字全部都以F的发音开头，哈丽特觉得很好听。南特扎有个女儿的名字读起来是FEI-AU-NA，哈丽特就给自己的小女儿起了一样的名字。这个名字怎么拼写，那就不知道了。有人问过她这个问题，可她根本听不懂。所以，到底 FEI-AU-NA 的名字怎么写，要过好多年以后才能明确下来。

父亲死的时候，菲奥娜才三岁，正准备上幼儿园。父亲一死，她的生活整个乱了套，突然间从父母疼爱的小宝宝变成了家里的劳力。新寡的哈丽特为了维持生计，不得不让几个孩子都帮家里干活。

三个星期内埋葬了两个家人的哈丽特从布尤布回到坎帕拉，发现自己被新非洲儿童小学开除，也被房东赶出了萨拉玛路的家。大女儿奈特和大儿子布莱恩，一个十三岁，一个六岁，被迫辍学回家。“我丈夫死后，这么多孩子都得我一个人养活，连房租都交不起。”哈丽特说，“生活实在是太太太难了。因为没钱给孩子们交学费，学校不让他们参加考试，也不给他们发成绩单。到底是让孩子们继续上学，还是要先给他们一口饭吃，我只能选一样。”

一天，哈丽特看到一个小孩头顶一个炖锅，锅里放着煮好的玉米在贫民窟兜售，走投无路的哈丽特决定也这么干。于是，每天早上，哈丽特步行到基布耶露天市场，用借来的钱买些玉米，拿回家煮好，再带着孩子们到街上卖。

“有时候，头顶着一锅玉米走啊走，走了很长很长的路，却没有一个人买，大家都特别沮丧。”布莱恩说，“尤其是我，特别讨厌干这件事。姐姐和我都想回学校上学。下午五点我的抵触情绪就更强烈，因为那会儿学校已经放学，我的伙伴们都在外边玩，我也想跟他们一起玩，可是，妈妈却让我出去卖玉米。”

等菲奥娜长到五岁，哈丽特就让她独自一人头顶装着玉米的炖锅到街上去卖。她一般会在早茶和晚茶的时间出去，每次出去锅里装二十个玉米棒子，每个玉米卖一百先令（六美分），那么回家的时候，应该带回两千先令。可是对刚刚五岁的小姑娘来说，这几乎是不可能完成的事情。

“有时候你会遇到一群小混混，他们会揍你，抢走你的玉米，再拔腿就跑。”菲奥娜说，“有的时候，他们连你刚挣的一点钱也一块儿抢走，结果你只能两手空空地回家。遇到这种事，我不知道该怎么办才好，只能哭着回家，可是到家后也不敢跟妈妈诉苦，因为妈妈一看我一点钱都没拿回家，就特别生气，就会打我。唉，那时日子真是不好过。这种事对我们的影响特别大，因为如果我们没有挣到足够的钱，当天全家人都得饿肚子。”

哈丽特和孩子们经常饿肚子。早上他们不吃饭，有时哈丽特会凑一点米，做点午饭给他们吃，晚上只喝一杯茶。如果吃的东西不够全家人分，哈丽特自己就什么都不吃。一年当中，只有圣诞节那天，孩子们不用卖玉米，哈丽特也会在那天买块肉，一分为四,四个孩子每人一小块，哈丽特自己却不舍得吃上一口。也只有这天，孩子们才能放开肚皮，直到吃饱为止。

出门卖玉米之前，菲奥娜得先干家务，干的是姐姐朱丽叶以前干的活。除了家务活，她还得去提水。每天清晨五点钟，菲奥娜就得起床，拎着一个五加仑大小的桶，来回走上三个小时的路，穿过整个卡推去接干净的饮用水。有时，她还会在肩膀上挂一个水罐，帮邻居提水。邻居给她几先令做报酬，她再把这些钱交给妈妈买东西吃。

“我们提水，卖玉米，做家务活，”菲奥娜说，“天天都是这样。每天回家的时候大家都累得筋疲力尽，于是妈妈就会帮我们干本该我们自己干的活，还会帮我们洗衣服，因为她能看出来我们实在是太累了。”

虽然哈丽特小时候没完整地接受过正规教育，可是她却十分清楚教育的重要性，所以，一有条件她就把几个孩子送回学校。然而，挣钱的速度远远赶不上交学费的速度。孩子们从一所学校换到另一所学校，总是不等学期结束就被开除。六年时间里，菲奥娜连两个年级的课程都没学完。就算是上学期间，菲奥娜他们白天在学校上课，晚上也得卖玉米。

随着年龄的增长，菲奥娜的性情也发生了改变。她经常跟附近的孩子打架。别的女孩子看见男孩子就害怕，她不，她才不怕他们呢。有一次，一个男孩子取笑她没父亲，还笑话她们家穷得没钱买床，都睡在地上。菲奥娜气得把那男孩狠狠揍了一顿，要不是哈丽特把菲奥娜拉开，男孩非得被她打伤不可。

“我当时什么坏事都干，”菲奥娜说，“跟附近的一群野孩子一起到处跑，逮着谁欺负谁。跟比我年龄大的人吵架我也不怕，要是这个人做的事不合我的心意，我就骂他。那时，没人跟我说什么该做什么不该做，所以，我学会了很多不好的行为。”

菲奥娜觉得自己当时之所以品行恶劣，与家里常年深陷绝望的深渊分不开。“困苦的生活对我们的打击都很大，不过幸好妈妈常常会鼓励我们，所以我们还没有彻底绝望。”菲奥娜说，“有时候房东来我们家催交房租，可是，我们连吃饭的钱都没有，怎么交？我们的生活一团糟，天天提心吊胆，不知道接下来会有什么祸事发生。”

问她小时候有没有什么开心的事情，她摇摇头，又强调说：“没有。”

她总是想，要是有辆汽车把她撞死就好了。不确定什么时候死，也不知道会死在哪里，哈丽特只知道这种方式会让她死得很痛快，不需要做计划，随时可以决定，再加上一点点勇气，或者说是怯懦。只要一下，她就能脱离苦海。

“我这一辈子，实在是过够了，”哈丽特说，“各种各样的考验一个接一个，有时真的一点盼头都没有。脑子里天天什么都没工夫想，就想着到哪儿能弄到吃的来养活这一大家子人。有时候我会想，上帝是不是早就把我们遗忘了。我真的没有力气再过这样的生活。每天都在拼命努力活下去，可是，一切都是徒劳。这些念头折磨得我要发疯，让我越来越恨我自己。你说，这样的生活过着还有什么意思？有时，我会问自己：‘为什么不去死呢？这样的日子还过它干什么呢？’”

哈丽特迟迟没有自杀的唯一原因应该就是对几个孩子的牵挂。她总是想，假如自己死了，这几个孩子该怎么办？可是，心情极度抑郁的时候，她也会怀疑，就算她不死，孩子们就不会受苦了吗？她想放手。卡推的生活终于把哈丽特·纳库逼到濒临崩溃的边缘。她一遍遍地问自己：“没有我，孩子们的生活真的会比现在还差吗？”

二〇〇〇年左右，也就是哈丽特的丈夫和女儿去世一年时，朋友担心她的精神状况，带她去跟一个牧师见面。“二〇〇〇年之前，我总是做同样的梦，听到有个声音对我说：‘你为什么不信基督呢？’”哈丽特说：“可是当时的我根本就没工夫细想。”

那天跟牧师见面后，她向耶稣忏悔，把耶稣当成了她的救世主。她成了再生基督徒。随后，牧师跟大家分享了一个神谶。

哈丽特说：“我到教堂的时候，见到了牧师，他跟我说，‘之前你向上帝祈祷，希望汽车撞死你。等你今天离开的时候，上帝会显灵的。’”

当天向晚，哈丽特抱着理查德走在卡推的路上。刚走到一个名叫祈祷宫的地方，远处一辆汽车在道路拐弯的地方加速向她冲来。旁边的人一起惊呼，以为自己又要见证另一场发生在贫民窟的毫无预兆的死亡。哈丽特匆匆做了个祷告，等着汽车撞上来。

“汽车飞速向我开来，到我跟前却突然停了下来，”哈丽特说，“然后掉了个头，朝着来时的方向开走了。我突然想起在教堂听到的神谶，这才意识到牧师说的那个神谶原来指的是我。也许这就是上帝的安排。我也说不清这到底是怎么回事。”

那天的经历改变了哈丽特对生命的观感。

“就在那一刻我好像突然变成了另外一个人，”哈丽特说，“得到救赎之前，我天天不是哭个不停就是担心这担心那，现在的我突然坚强了起来，对生活又充满了希望，也找到了内心的安宁。我们的生活是不尽如人意，可是仔细想想，上帝肯定在保佑着我们，才让我们活了下来。如果不是上帝保佑，我早不在这里了。感谢上帝。”

七岁，菲奥娜第一次死去。一天晚上，她突然生病，高烧不退，昏死过去，身体慢慢变冷，一动不动。谁也摸不到她的脉搏。

菲奥娜身上穿着下葬的衣服，鼻孔用棉花塞住，防止血流出来。按照乌干达的风俗，菲奥娜的家人把家里的东西全部搬到棚屋外，然后把她的尸身放在屋子正中的地板上，邻居们也都被请过来靠墙坐在垫子上，陪着死者的家人一起哀悼，一起祈祷。哈丽特到教堂借钱，想把菲奥娜运回村子里下葬。菲奥娜的弟弟待在屋外，还不知道发生了什么事。

几个小时之后，奈特突然看到妹妹的腿上开始冒汗。不一会儿，菲奥娜全身都开始冒汗。奈特赶快把刚才给妹妹穿上的衣服脱掉几件。等到哈丽特回到家，菲奥娜已经死而复生。“我从来没见过这样的事，”哈丽特说，“虽说这孩子是我生的，可我真挺怕她。这件事我连谈都不想谈，因为我知道以后大家肯定该怕她了。这件事确实没法解释。这是上帝的荣光。虽说她复活的时候我正在向上帝祈祷，可是我并没有祈求上帝让菲奥娜死而复生啊。我真的不知道菲奥娜到底是怎么复活的，不过我想这肯定是有道理的。”

“菲奥娜突然就活了过来，吓得邻居们一窝蜂地跑出我家，他们都以为菲奥娜变成了鬼。”奈特说，“我们也以为她是鬼魂，吓得不得了。可是妈妈说，‘她不是鬼魂，是上帝把我的女儿救活了。’我们才敢走上前跟菲奥娜说，‘你刚才死了。’她却说，‘我没死，只是睡着了。’她的身体逐渐好转，可是有好一阵儿邻居们见到她还是很害怕。”

那天去菲奥娜家里哀悼她的邻居们现在都拒绝跟菲奥娜有任何接触，他们给她起了个外号，叫她“害怕坟墓的女孩”。

一年之后，菲奥娜又死了一次。当时她病得非常厉害，哈丽特找姐姐借钱把菲奥娜送到了医院。虽然医生一直没告诉哈丽特诊断结果，可是哈丽特相信女儿得的是急性疟疾。疟疾是一种因普通感冒引起感染而导致的疾病，在卡推很常见，而且菲奥娜已经得过很多次了，唯独这一次她一直昏迷不醒。医生给菲奥娜做了穿刺，抽脊髓化验，然后对哈丽特说她的女儿命悬一线。“我吓坏了，”哈丽特说，“听说要是医生抽谁的脊髓，那就说明这个人很可能活不了了。我知道菲奥娜快死了，跟朱丽叶一样。”

哈丽特确信菲奥娜的命运已经注定，可一想到自己会再失去一个女儿，她就心如刀绞。所以她让奈特在医院陪着妹妹，自己带着布莱恩和理查德到处借钱好埋葬菲奥娜。可是，几天之后，菲奥娜突然醒了过来，为什么苏醒连医生都解释不清。

“菲奥娜的病情越来越稳定，这让我特别吃惊，”哈丽特说，“也许她的大限还没到。这肯定又是上帝的安排。我相信女儿得到了神明的护佑。”

菲奥娜说：“住院的事情我一点印象都没有，我只记得等我回到家，我妈妈跟我说，‘你死了两天。’”

哈丽特什么都留不住，能留住的只有她的孩子们，还有一张床垫。现在，床垫也没了。她用床垫做抵押，贷了一笔钱，用这笔钱买了些木薯，到基布耶露天市场去卖。不到一个星期，就赔了个干干净净，床垫也赔了进去。没了床垫，哈丽特和孩子们睡觉的时候，只能躺在地板上。

那时他们已经搬到哈丽特的母亲家里去住。母亲也住在卡推，一个破旧不堪的小棚子，一个人住都勉强，现在塞了六个人。一天，房东出现在她家门口，说要是再不付房租，就把他们赶出去。他们没有钱。

一家人不得已搬到卡推旁边的基宗古区一个破棚子里住，棚子年久失修，已经废弃。搬到那里没多久，哈丽特的母亲就去世了。他们继续在这个破房子里住了下去。一天，等他们回到家，发现家里的东西被洗劫一空，因为他们买不起锁把房门锁上。再后来，棚子彻底坍塌。哈丽特有个继兄，名叫塞伦库马，住在离卡推不远的纳提特贫民窟，租的棚屋有两个房间。哈丽特没钱另租房子，就去找她的继兄，求他收留自己一家。

搬到继兄家之后，哈丽特才知道塞伦库马居然是个巫师。有时，凌晨三点他就把哈丽特和孩子们从沉睡中叫醒，非得把他们赶到屋外去，因为他要举行仪式，杀一只鸡，再把鸡血洒得满屋都是。他天天声称有人在他的卧室里撒尿，虽然他的屋子总是锁着；他不停抱怨现在挣的钱比过去少多了；他一直叨叨就因为哈丽特在他家住着，他连老婆都找不到。“他总是跟我抱怨他现在的生活一团糟，”哈丽特说，“院子里本来有些花，可是他拿自酿的啤酒浇到花上，结果花全干死了。这他也怪我。对他来说，我们一家人的出现大大扰乱了他的精神。”

塞伦库马最终还是把哈丽特一家赶走了。“我跟孩子们说住这里太不安全，”哈丽特说，“万一哪天他脑子一热把我们当祭祀品全杀了可怎么办？我们宁愿去住大街也不能再在这里住下去。”

身无分文，又没有其他地方可去，哈丽特只得带着孩子们在基布耶市场附近找了个地方露宿街头。她倒是还有一个地方可去，在那里孩子们至少有地方遮风挡雨。那个地方就是哈丽特父亲的家乡，那个叫塞塔的小村庄。可是，哈丽特却付不起回去的车费，而且，父亲家的人是否欢迎她回去也是个问题。“街头露宿的那段时间，我真的不知道我们还能找到房子住不能，”菲奥娜说，“看我们睡在大街上，别人都笑话我们。妈妈的打算是一有条件就带我们回村子里去。”

流落街头的那些天，孩子们每天分吃一只木薯充饥果腹，哈丽特自己呢，什么都不吃，只靠喝水维生。这样的日子过了一天又一天，全靠教堂的朋友们给她微薄的捐助，一家人才活了下来。朋友们跟她说让孩子们住在大街上太不安全，劝她带着家人等晚上住到教堂去。

就在那时，惨淡的生活逼奈特做了一个决定，一个她抗拒了好久的决定，一个她母亲在最绝望的时刻也曾做过的决定。她离开了流落街头的家人。“我必须要离开，去找个男人养活我。找到这个男人之后，我就跟他住在了一起。”奈特说，“我知道这样做不对，因为我当时太年轻了，才十五岁。可是我没有办法啊，只有跟他住在一起，他才会给我钱养活我家人。我想这也许是上帝的安排，通过这种方式把我们从风餐露宿的生活中拯救出来。”

在街头流浪三个星期后，拿着奈特的男人给的四万先令，哈丽特在市场附近的马萨雅区租了间房，一家人在那里住了下去。四个月后，房东要把房子拆掉重建，他们再次搬家，回到卡推租了个棚屋。五年来，兜兜转转，他们六次离开卡推，又回到卡推。

房子虽破，也得按时付房租，所以哈丽特再次回到基布耶市场卖东西挣钱。基布耶市场是个露天集市，混乱不堪，热闹非凡，什么都卖，从蔬菜到内衣到牙膏再到杯盘碗碟，无所不有。一进市场，就能看到散乱堆放在泥地上的货物，还有遍地的牛粪。

第一次生意失败后，哈丽特没有灰心，而是从失败中汲取教训，又开始了新的尝试。这次她不再卖木薯，木薯价格贵，保质期又短，所以，她把木薯换成了咖喱粉，既便宜，保质期又长。

慢慢地，哈丽特卖的东西越来越多，有茶叶、鳄梨，还有茄子。卖东西的地方也固定在一个摇摇欲坠的棚子里，头顶一把破破烂烂的大伞，根本遮不住毒辣的阳光。每周有六天时间，哈丽特深夜两点起床，走五公里到城乡接合部，从到坎帕拉卖菜的农民手里买到想要的东西，再带到市场上去卖，赚取微薄的利润。对哈丽特来说，只要挣到的钱能付清每月的房租，也能保证孩子们每天的口粮就谢天谢地了。

因为工作太过忙碌，哈丽特一离开家门，孩子们就不知道她什么时候才能回家，有时候一连几天都见不到她的面。“每天早上一醒来，我就把孩子们交到了上帝的手里，”她说，“根本不知道他们的一天是怎么过的。上帝就跟他们的父亲一样照看着他们。”

一天下午，到了该出门卖玉米的时间，布莱恩却踪影不见。被自行车撞之前，每天下午差不多同一个时间，他也会消失不见。他妹妹特别好奇哥哥到底去了哪里，就试着跟踪他，可是布莱恩眨眼间就消失在卡推如迷宫般曲折复杂的小巷里。菲奥娜根本跟不上他的脚步。

这天，一天没吃饭的菲奥娜觉得跟着哥哥能混口饭吃，盯得更紧了。她跟在布莱恩后面一路走了五公里，来到一个废弃的垃圾场，看到好多人在踢足球。她找了个隐蔽的地方躲起来，看着布莱恩跟一群男孩子踢球，旁边还有个很年轻的教练。她盯着教练看了好久，喜欢他跟男孩子们一起踢球的感觉，也看出他是发自内心地关心这些球员。大约一个小时之后，他们停止踢球，只见布莱恩跟其他男孩一起往卡推的深谷、纳克尔的中心地带走去。菲奥娜尾随着哥哥往前走，可是，有个名叫杰拉尔德的孩子突然转身，看到了菲奥娜，就对布莱恩说："布莱恩，你妹妹跟来了。"

布莱恩走到菲奥娜身旁，坚持让她回家。刚开始菲奥娜有点不情愿，不过还是转身往家的方向走去。等到哥哥他们一走远，她就又跑了回来，偷偷跟着他们来到一个尘土飞扬的走廊旁，路对面就是哈基姆的棚屋。布莱恩不见了。菲奥娜小心翼翼地站在拐角处，偷偷往走廊里瞅，看哥哥到底去了哪里。

"我看到走廊里坐着好多孩子，大家都盯着一些特别好看的东西，我也不知道他们是不是在玩游戏，因为我以前从来没见过这种东西。"菲奥娜说，"我盯着看了好久，真想进去跟他们一起玩，真想亲手摸一摸那些漂亮的东西。我当时想，'这些孩子怎么都那么安静呢？'而且，他们玩这个游戏时看起来特别开心，特别兴奋。我也想跟他们一样开心。"

菲奥娜就这样站在拐角，偷偷地看着这个让她入迷的游戏。突然，教练看见了她。"小姑娘，"卡滕德喊道，"别害怕，进来吧。"

# 第五章

# 把你会的教给她

“菲奥娜。”听到卡滕德问她叫什么名字，她回答道。可是卡滕德根本听不见她的声音。没人能听见。她低着头，下巴埋到胸前，说话的声音跟蚊子哼哼似的。卡滕德上前一步，离她近一些。“菲奥娜。”她又说了一遍，没好到哪儿去。

她看起来太脏了。裙子被汗水浸透，衬衫上到处是破洞。光着的脚糊上了一层泥巴。身上臭烘烘的。

她慢慢走到走廊上，看到好多男孩，也有几个女孩，有的坐在木头条凳上，有的坐在地上，都在玩一种奇怪的游戏。她拿起一个棋子后，好奇地用手指轻轻抚摸棋子的每一处棱角。菲奥娜从来没有碰过这样的东西。

孩子们都在下棋，没有人起来欢迎这个新来的小女孩。布莱恩还没想好在小伙伴面前拿妹妹怎么办，卡滕德也想看看要是自己不干涉，这些孩子会不会主动接受她。菲奥娜则一个人安安静静地喝完了她那碗粥。可是大家都不愿意坐到她旁边，因为她身上实在是太臭了。他们开始嘲笑她，让她滚出去。“你们看那个脏女孩，”一个孩子说，“臭丫头，赶快滚出去。你不配跟我们一起玩。我们这里可不要像你这么臭的丫头。”

听到这些挑衅的话，本来安安静静的小姑娘突然凶了起来。菲奥娜气势汹汹地走到最开始欺负她的那个孩子跟前，好像要跟他打架一样。卡推的生活早就把菲奥娜磨炼得适应了这样的时刻，优胜劣汰的生存法则让以牙还牙成了一种本能。在那个弱肉强食的环境下，就连生性极度怯懦的小家伙也要学会反击。菲奥娜敏锐地感觉到，自己今天的表现至关重要，应对得好，以后就没人敢再欺负她。她可不想，也不愿与这些美丽的棋子擦肩而过。

“他们欺负我，可是他们根本不知道自己欺负的是谁。因为，要说欺负人，我可比他们会的多。”菲奥娜说，“我对着他们骂了许多难听的话。我跟他们说：‘瞧你那鼻涕虫样！看看你那一口大黄牙！你也好看不到哪儿去呀。’”

菲奥娜骂得起劲，连带其他几个孩子一块儿骂了进去，最后布莱恩和卡滕德不得不把他们分开才算完。布莱恩把妹妹拽到走廊外边，把她拉回家，告诉妈妈菲奥娜跟人吵架，也跟妈妈说，听到别人骂菲奥娜他是多么生气。“听到我的恶劣行为，妈妈特别生气，狠狠地扇了我一巴掌，”菲奥娜说，“叫我以后不要再去那里。”

那天晚上回家时，卡滕德相信，这应该是他第一次也是最后一次见到菲奥娜·穆特希了。“这一天对她来说肯定太难熬了，所以我根本没指望会再见到她，”卡滕德说，“结果第二天她又出现了。那时我就觉得这个姑娘受得了委屈，是个勇敢的小女孩。”

有人说她又来这里是为了喝那一碗粥。也许吧。可是，那又怎样？

反正她来了。第二天，她机灵地等到母亲出门去教堂之后，才一路飞奔到了象棋训练场。她已经洗了澡，也换上了干净衣服。而且幸运的是，那天布莱恩没去下棋。

卡滕德对菲奥娜的到来表示了欢迎，然后瞅了瞅在场的人，看谁能教这个新来的女孩下棋。他知道必须得找个女孩教她才行，因为男孩们没有一个愿意“屈尊”教一个什么都不会的女孩。不巧的是，那天只有一个女孩来训练——一个四岁的小姑娘，除了会些最基本的走棋规则，其他什么都不懂。卡滕德把九岁的菲奥娜介绍给这个小东西，然后对这个小东西说：“格洛丽亚，把你会的教给她。”

格洛丽亚刚刚加入象棋项目没多久，是被哥哥本杰明硬拉来的。即便不想学棋，喝碗免费粥也好啊。

刚开始，格洛丽亚不想教菲奥娜，菲奥娜也不想跟她学。“居然让我教一个‘老女人’。”格洛丽亚抱怨道。菲奥娜也很尴尬，因为两个人的年龄实在悬殊。

“我当时想：‘这么小的小屁孩能教我什么？’”菲奥娜说，“格洛丽亚一教我下棋，我就觉得她在故意奚落我。虽然我也看不起她，不过说实话，我其实挺喜欢她给我上课，因为我想学会下棋。”

慢慢地，菲奥娜跟格洛丽亚在一起越来越自在，而且格洛丽亚也是训练场上唯一一个跟她走得近的女孩。“只要我把她分配给格洛丽亚，菲奥娜就会平静下来，因为她知道自己又能学到东西了。”卡滕德说，“跟格洛丽亚学棋对菲奥娜来说是一种动力，她总觉得，既然这么小的姑娘都能学会下棋，那她肯定也能学会。要是跟我学，她就没那么自在。如果有什么地方没听懂，她可以连着问格洛丽亚四五次，跟我学的时候，她连第二遍都不敢问。”

格洛丽亚给菲奥娜讲解每一个奇形怪状的棋子分别代表什么意思，给她讲走棋和吃子时要遵守的规则。先是兵，接着是车、象、马、王，然后是最重要也最强大的后。她告诉菲奥娜 embwa 和 munadiini 的典故，也跟菲奥娜讲卡巴卡，也就是国王，永远不会被杀，只能被抓起来。可是这些典故为什么能跟国际象棋联系起来，她自己其实也不清楚。格洛丽亚还给菲奥娜讲了一个在许多棋局中都会用到的重要手法：当己方的兵直进到达对方底线时，就能进行“升变”，很神奇地，小兵突然就变成了王后。那时的菲奥娜，怎么会想到，有一天自己因为这三十二颗棋子和六十四块方格也成了象棋女王呢？

这些美丽棋子，也从一开始就吸引了菲奥娜，诱惑着她一天接一天地来到这里。她迫切地想要跟其他孩子一样在棋盘上移动这些棋子。她能看到他们下棋时脸上洋溢着的兴奋，可是自己还体会不到这样的感觉。跟着格洛丽亚学了几个星期之后，菲奥娜开始懂得最基本的下棋技巧。有一次，菲奥娜听到一个在旁边观棋的孩子说：“啊，这一步走得还不错。”她听了特别高兴，想要走更多不错的步子。积极的称赞和鼓励对一个生长在贫民窟的孩子来说，是很陌生的词语，也是非常有效的激励。

“菲奥娜学得非常快，”格洛丽亚说，“什么都干扰不到她。她一开始学棋，就表现出很大的兴趣，而且她能一直下一直下，所以进步才那么快。”

两个女孩子成为好朋友之后，除了象棋，格洛丽亚也指导着菲奥娜的言行举止。

菲奥娜说："有一次我又惹格洛丽亚生气了，她告诉我，'菲奥娜，别再欺负我了。罗伯特教练说下象棋的人都是好人。他们遵守纪律，不瞎捣乱。'说起来，格洛丽亚给我上了非常好的一课。"

跟着格洛丽亚学了两个月之后，菲奥娜的水平已经赶上了她四岁的小老师，格洛丽亚再也没什么可教的了。卡滕德知道，是时候让菲奥娜到走廊的另一边，开始真正的训练，跟高手对弈。好多女孩因为不敢跟这些高手对弈，退出了象棋项目，而对菲奥娜来说，终于可以跟男生一起下棋了。

伊凡八岁时，母亲纳基瓦拉让他和四个弟妹跟她一起离开家。纳基瓦拉把她的全部家当顶在头上，带着五个孩子，毅然离开了丈夫，走进卡推，发誓再也不跟这个男人说话。

"那时我还太小，不知道他们为什么离婚，"伊凡说，"我只记得妈妈带着她的全部东西离开了家，还让我们跟着她一起走。那时我们就是五个小屁孩，根本不知道到底发生了什么事。"纳基瓦拉带着孩子们在卡推找了个棚屋安顿下来，可是凭她一己之力想要养活五个孩子，实在是难如登天。他们每天都吃不饱，住得更是悲惨至极。"我们住的地方，只要一下雨，屋里就会发水，"伊凡说，"一到晚上，我连觉都不能睡，得一直把家里的东西往高处挪。水要是涨上来，我就得把东西挪到更高的地方。有时候连着两天都睡不成觉。"

跟大部分生活在卡推的孩子一样，伊凡的求学之路断断续续，因为总是缺钱，交不起学费。“上学时遇到的困难很多，还总是挨饿。因为交不起伙食费，别的孩子吃饭的时候我们就没得吃。”伊凡说，“有时候学校会让我们去食堂帮忙刷锅，如果锅里还有剩饭，我们就可以吃掉。要是老师们的盘子里有剩菜，我们也能吃掉。”

上到七年级时，伊凡退了学，三年后才回到学校。把伊凡从父亲身边带走五年之后，走投无路的纳基瓦拉不得已又把他送了回来。卡推又多了一个漂泊无定的孩子。二〇〇三年的一天，伊凡的好朋友理查德跟他说，卡推来了个教练，带着真正的足球，而且谁都可以踢。

“以前也有人带着崭新的足球来让我们玩，可是这些人坚持不了多久就走了，所以刚开始我们以为罗伯特教练跟那些人一样呢。”觉得自己已经二十岁的伊凡说，“直到后来大家都感觉到他是全心全意、发自内心地关心我们，我们才知道他是来真的，和之前那些人不一样。”

伊凡是先锋棋手之一，在整个团队中年龄最大，从一开始就非常谦虚、规规矩矩，这是为数不多的。所以，除理查德之外，卡滕德把他当成了另一个潜在的团队负责人。因为他太缺乏自信，卡滕德就安排他培训新来的棋手，以此树立他的权威。只要发现哪个孩子有下棋的天赋，卡滕德就会把这个孩子分给伊凡。一天，卡滕德把本杰明·穆孔比亚介绍给伊凡，并交代伊凡：“把你会的教给他。”

本杰明是个街头小混混，天天独来独往。他小时候，父母靠乞讨为生，勉强养活他。父母满卡推跑着要饭时，就把小本杰明锁在家里。有一天，小偷把他家洗劫一空，吓得他妈妈赶快把儿子送到附近村子的阿姨家。本杰明在阿姨家饿得面黄肌瘦，等妈妈去看他时已经严重营养不良，妈妈又赶快把他带回了坎帕拉。自那以后，本杰明就变得无恶不作。“我父亲不是基督徒，他迷信各种巫术，”本杰明说，“跟着他，我也迷上了这玩意儿，行为越来越乖张。”

后来，父亲出轨导致父母离了婚，从此没人管的本杰明过上了流落街头的生活。“以前我逮着谁打谁，管他年龄多大，有时还会拿石头砸他们。”本杰明说，“好多个晚上，我都是在街上度过的，有时候去教堂睡，有时候就在路边找个地方睡。我有一件大衬衫，可以一下子把我的胳膊和腿都盖住，晚上睡觉的时候我就用这件衬衫裹着自己。”

后来本杰明的妈妈在穆格鲁瓦主教的走廊旁边开了家杂货铺，小店本来是本杰明舅舅的生意，可是舅舅已被卡推的困苦折磨得疯疯癫癫，无法继续经营，只能交给自己的妹妹。为了把小店开下去，她到处借钱，根本没想过该怎么还。开张之后，她又把儿子本杰明和女儿格洛丽亚接了过来跟她一起住，晚上就在杂货铺后边的小屋里睡，有时也会睡在旁边的一个棚屋里。

一天，卡滕德去店里找她，他当时已经搬到隔壁开始象棋训练，想要把熬粥用的面粉寄存到她的店里，因为在之前存放的地方总是会被偷走，接着又请她在杂货铺的门廊上帮孩子们熬粥。她发现下棋的孩子们天天都开开心心的，就让本杰明也去学下棋。本杰明刚开始觉得自己肯定不会喜欢下象棋，怎么说都不去，最后才不情不愿地去了。去的原因也很简单，跟大部分孩子加入的原因一样，那里有粥。

伊凡很快就意识到，他正在教的这个孩子是个象棋天才。本杰明是伊凡遇到的最有天赋的棋手，他好像就是为象棋而生。没过几个月，本杰明的水平就超过了伊凡和其他先锋棋手，无人能敌。要说有什么能打败他，那就是他为掩饰童年苦痛而层层累积起来的傲慢外壳。一次，看到本杰明被一个水平明显比他低很多的人打败，卡滕德走到他跟前问："你知道你为什么输吗？"

"不知道。"本杰明说。

"你之所以输，"卡滕德说，"是因为你太骄傲。"

"我轻轻松松学会了下棋，就开始目空一切，觉得自己什么都会，"本杰明说，"觉得谁都不如我，所以，任何人我都不放在眼里。其他孩子连跟我走得近一点都不敢，因为我之前的名声实在太臭。后来我慢慢开始改变个性，大家也开始以我为榜样，我说的话也有人听了。"

本杰明成了象棋项目的形象代言人，不断招募新成员加入，连自己的妹妹格洛丽亚，也就是菲奥娜的启蒙老师，都被他吸收了进来。本杰明负责教格洛丽亚下棋，教她的同时，他自己对象棋的理解也越来越透彻。

二〇〇八年，欠了一屁股债之后，本杰明的妈妈突然消失不见。本杰明听亲戚说妈妈去了维多利亚湖的"岛上"。维多利亚湖上有些散落的小岛群，也是乌干达的领土，据说那里违法乱纪的事儿比卡推还猖獗。妈妈说她会在那里找份工作，等挣到钱就回来还债。后来她又跟本杰明联系过一次，说她马上要出国，有可能的话要在国外找份工作。自那以后，她就音讯全无。卡滕德试着去找本杰明的父亲穆比卢，请他照顾本杰明和他的弟弟妹妹，可是穆比卢说他已经再婚，又生了三个孩子，早就穷得叮当响。

没办法，本杰明只能自己照顾两个年幼的弟妹，三个人住在杂货铺后面的小屋里，本杰明给他们洗衣服，要是有吃的东西还要给他们做饭吃。“他俩现在特别依赖我，我也非常渴望能全心全意地照顾他们，”觉得自己已经十三岁的本杰明说，“幸运的是，我妈妈的姐妹们人都不坏，她们都把我们当成自己的孩子一样照顾。我也不知道以后还能不能见到母亲。世事难料啊。”

本杰明说，卡滕德告诉过他，如果机会放在面前，就一定要抓住，不要因过去的不如意而畏首畏尾。“我的成长经历教会我任何时候都不要指望别人，所以母亲离家对我影响不大，”本杰明说，“对我弟弟影响也不大，因为他年龄还小，根本不知道妈妈是谁。可是我相信这件事对妹妹的打击特别大，她总是在我面前念叨：‘我想让妈妈回来。’跟弟弟妹妹待在家里对我来说是种折磨，不过很快我就鼓起勇气对自己说：‘不要难过，如果其他人能忍受这样的生活，我为什么不能？’”

本杰明是项目里第一个跟菲奥娜下棋的男孩子。通常他是不和新手下棋的，而且新手一般会挤在走廊的一个角落互相切磋，可是因为菲奥娜是妹妹教过的学生，所以他对菲奥娜也产生了兴趣。

“第一次跟菲奥娜下棋的时候，我特别吃惊，因为她有几步棋走得非常有挑战性。要是好好训练，她肯定能下得很好。”本杰明说，“我跟她说：‘下棋最重要的是要提前计划。下一步该怎么走？要是对手发起攻击，该怎么做才能化解？’这些技能其实我们在贫民窟每天都会用到。”

伊凡说：“菲奥娜第一次来的时候，我心想，‘她来干什么？’那时候我们基本上不跟女孩下棋。过去我一直觉得女孩子都很懦弱，什么都不会，可是现在我才知道原来女孩子也能把象棋下好。菲奥娜真心喜欢下棋。没过多久，她下棋的水平就跟男孩一样，下棋的方式也跟男孩一样。连她思考问题的方式都跟男孩一样。”

比菲奥娜大几岁的伊凡和比她小几岁的本杰明成了菲奥娜在项目里的首席导师。虽说三人水平不同，可是对象棋的共同热爱把他们紧紧联系在了一起。反正没什么事，反正也无处可去，他们就在一起不停地下棋，不停地训练，一个钟头又一个钟头，一天又一天。

项目里的其他姑娘都不敢跟男孩们下棋，只有菲奥娜总是盼着跟男孩们下，她的棋艺也日渐精湛。“她总说跟男孩们下棋难度太大，可是她很快就适应了。”本杰明说，“对她来说，跟男孩子下棋是很正常的事，她也喜欢跟我们下，因为这样能让她成为更优秀的棋手。”

因为她天天跟男孩混在一起，所以一点都不怕跟男孩对阵。刚开始下棋的时候，受这些男孩子影响，菲奥娜走棋特别鲁莽，盲目进攻，根本不考虑后果，跟与邻居孩子打架时的反应一样。她经常放弃至关重要的棋子，走几步险着，就为了尽快吃掉对方的棋子，就算她执黑棋（黑棋后走）时也一样，可是按照规则，黑棋在开局时应该以防御为主。

“我觉得下棋跟我的人生一样，”菲奥娜说，“精彩的一着能让你化险为夷，可要是走错一步，那么一切都完了。刚开始下棋的时候，我输了很多局，后来，男孩们都说我应该像个女孩一样下棋，安静一点，耐心一点。”

菲奥娜下棋只记结果，过程她一点都记不住。约瑟夫·阿萨巴正相反，每一步都记得清清楚楚。接下来要说的这件事发生在二〇〇六年。当时菲奥娜已经学了几个月的棋。她不记得自己下过多少盘棋，用她的话来说是下了太多盘，根本记不住。她能记得住的是，虽说下了数不清的棋，可是自己一盘都没赢过。

菲奥娜坐在约瑟夫对面，心情紧张。约瑟夫点名要菲奥娜跟他对弈，想着打败她是小菜一碟，自己就可以继续霸着棋盘，因为规定是只要获胜就可以一直下，直到有人打败你为止。菲奥娜跟约瑟夫下过几次，约瑟夫总是在开局之后没几步就把菲奥娜打败。他到底是怎么做到的？跟变戏法一样神奇。其实，根本没什么神奇的，不过是“愚者自将”而已。

约瑟夫跟卡滕德学会“愚者自将”之后，这一着就成了他最喜欢的战术。他跟人下的每一盘棋都会用到这一着。所以跟菲奥娜对弈时，约瑟夫按照惯常开局，把象和后放到既定位置。对他来说，陷阱已布好，只等菲奥娜自投罗网。可是，菲奥娜很反常地把自己的后径直放到了王的前边。约瑟夫没见过这样的走法，不过他还是抓住机会用自己的后吃了菲奥娜的兵。菲奥娜也相继吃掉了约瑟夫的后和象，虽然牺牲了自己的后和一个兵，但是这个交换对菲奥娜来说，绝对不吃亏。

“我按平常的计划刚走了一步，就好像有人把我的战术跟她提前说了一样，她立刻知道该怎么反击，还把王保护了起来。”约瑟夫说，“我发现‘愚者自将’这一着肯定是赢不了她了，因为已经有人跟她讲过我的着数。”

“罗伯特教练教了我怎么对付‘愚者自将’，”菲奥娜淘气地笑了笑，“他告诉我把后放到王的前面，我会吃掉他两个子，这样的话我们就能继续下了。”

“愚者自将”不管用，接下来该怎么下这局棋，约瑟夫一点底都没有。中局让他不自在，以前他很少有下到中局的时候。

“我开始往前推进我的兵，我吃了她的象，她吃了我的马，”约瑟夫回忆着那局棋，“接着她突然来了个‘捉双’战术，我从来没见过这样的下法。她一下子瞄准了我的两个棋子，而且她肯定能吃掉一个，所以我必须要决定保哪一个。于是，我向后退了一步，想要保护我的车，可是，她还是把我的车吃掉了。这辈子我都忘不了那局棋。”

对菲奥娜来说，问题是没有了后，她不知道该怎么用剩下的棋子赢这一局。她不信自己在没有后的情况下也能将军。于是她就一直不停地下。现在她还有两个车，于是就用这两个车保护着一个先头兵，往底线走，直到这个兵进行“升变”，变成了后。后一回来，她就试着将军。

菲奥娜以前从来没有将死过对手，所以她不知道到底该怎么做。她一直将着约瑟夫，却不知道该怎么走才能结束这局棋。“到最后，我记得好像我自己都不知道我已经赢了这局比赛，”菲奥娜说，“约瑟夫可能早就看出来了，可是他没吭声，还是在旁边观赛的小孩们七嘴八舌地说：‘菲奥娜赢了！菲奥娜赢了！’其实我根本就没听他们在说什么，只顾着走已经计划好的一步棋，那一步一下子就将死了他。”

突然，约瑟夫的王无路可走，国王已经被抓。直到这时，菲奥娜才意识到可能这一局棋算是下完了。

站在旁边看他们下棋的一个男孩穆万亚说：“哎，约瑟夫，你不是开玩笑吧？一个女孩？一个女孩就将死你了？”

约瑟夫一下子趴到棋盘上哭了起来。菲奥娜顾不上庆祝自己的第一次胜利，赶快去安慰自己的手下败将。约瑟夫跟菲奥娜说他永远永远也不跟她下棋了。

“她将我的军时，我特别难受，”约瑟夫说，“一直以来，我靠着‘愚者自将’就能打败的女孩居然赢了我？我老是嘲笑她，因为我知道她水平很差。现在她赢了我，我特别难受，因为我学棋的时间比她长很多，所以我想着一个新手肯定赢不了我。我以前还教过她呢。怎么现在她不但挑战我，还能赢我呢？”

菲奥娜很少提前离开训练场，要是卡滕德不赶她回家，她会一直待在这个对她来说最舒服最随意的地方不走。可是，今天，她没再下棋，一路雀跃着飞奔五公里，穿过卡推径直回家，告诉妈妈自己赢了一局棋。赢了一个男孩。

哈丽特不懂国际象棋。要是跟她讲，国际象棋就是一些长得像城堡和动物的小棋子在一个涂着不同颜色的棋盘上走来走去，她会觉得这是小孩子玩的游戏。

“刚开始菲奥娜跟布莱恩一起去下棋，我根本没当回事，反正我也不知道什么是国际象棋，”哈丽特说，“我是真的不懂他们到底每天去那儿干什么。布莱恩他俩试着给我讲过，可是啊，我太笨了。”

她只知道象棋项目每天都能让她的孩子们吃一顿饭，这比她的照顾还要周到，所以，她并不怎么反对他们去，再加上布莱恩一直哼哼唧唧，哈丽特干脆连玉米也不让他俩卖了，这样他俩下午就可以去下棋。

关于象棋项目的小道消息终于在卡推传开，据说这个项目是一个由白人管理的组织发起的，对于非洲大部分国家的人来说，白人又叫“姆宗古”。

一天，哈丽特跟几个邻居的对话让她心神不宁。这几个邻居都说绝对不会让自己家的孩子去参加那个项目，还警告她也千万别让她的孩子们去。

“邻居们说了许多让我毛骨悚然的话，”哈丽特说，“她们跟我说国际象棋是白人的游戏，要是我的孩子们去那里跟他们下棋的话，那些姆宗古就会把孩子们偷走，再也不把他们带回来。可是，我没钱养活他们，只能相信姆宗古的心眼没那么坏。我也没办法啊。”

# 第六章

# 姆宗古

“姆宗古”是斯瓦希里语，意为“漫无目的到处游荡的人”。起初，这个词专指从欧洲来的传教士和探险家，后来，范围扩大到商人、殖民者和来非洲旅游的人。现在，这个词被用来泛指所有的白人，词义也发生了改变，流露出非洲人对白人浓浓的不信任。不信任的原因自然是过去白人殖民者对非洲多年的压榨与剥削。可是，没有姆宗古，就没有罗伯特教练，没有罗伯特教练，菲奥娜现在很可能还在用头顶着一锅玉米沿街叫卖。或许，有没有菲奥娜这个人都不一定呢。在菲奥娜的故事里，姆宗古虽然和她相距遥远，生活截然不同，可是，他们的逐梦之旅和菲奥娜与卡滕德的追梦之路却并无二致。他们都曾迷失，却最终坚定了方向。

一九三三年七月十六日，小卡尔·哈蒙德出生在波士顿郊区，父亲老卡尔·哈蒙德是国际银行家。哈蒙德一家住在一栋带有殖民风格的白色两层楼房里，过着舒适惬意的中上层阶级的生活。可是，等到这个被大家称为拉斯的小男孩长到四岁时，他的生活突然发生了翻天覆地的变化。有天晚上，趁老卡尔出差不在家，拉斯的母亲海伦对拉斯和他姐姐说要带他们去加利福尼亚跟外婆一起住。海伦没跟他们提离婚的事。拉斯不知道出了什么事，却不想跟母亲顶嘴，就按照她的吩咐把自己的行李收拾了一下，跟着母亲登上火车，心里想着不知何时才能跟父亲再见面。

四天之后，海伦带着两个孩子来到加利福尼亚，过上了远不及以往的生活。海伦出去找工作，拉斯和姐姐就跟外婆待在家里。那时，大萧条已近尾声。

没多久，海伦的母亲就搬到了洛杉矶市郊一个名叫贝尔弗劳尔的贫民区。之后几个月，两个孩子跟着外婆挤在一间又破又小的棚屋里，用柴火炉子做饭，在屋后储藏室里扔着的锡浴缸里洗澡。

五岁时，拉斯和姐姐又搬回洛杉矶市区跟母亲一起生活。一回到洛杉矶，没人管的拉斯就成了“挂钥匙儿童”一族。为了填饱肚皮，他把附近的一群男孩子召集起来，天天在沃尔沃斯超市晃荡，混迹在顾客中，趁人不注意偷糖果吃。一九四〇年，海伦嫁给了 C. 卡尔，孩子们也随了继父的姓。婚后，一家人搬到了圣巴巴拉市，在那儿继续艰难度日。“当时的生活一贫如洗，每天吃的东西一成不变，天天都是花生酱三明治。就算这样，往三明治上抹花生酱时，我总是恨不得把盖子都舔个干净。”拉斯说，“穿的衣服没有不烂的，穿的鞋子更是到处都有破洞。”为补贴家用，拉斯要照顾圈养在车库后边笼子里的三十六只鸡，负责清理鸡笼，还得满小区到处转着卖鸡蛋。

孩童时期的拉斯·卡尔顽劣无知，天天跟人打架。后来，在哈丁小学任教的戈登·格雷教练发现了拉斯的运动天赋，开始着力培养他，这才把他从街头小混混的命运中拯救了出来。拉斯的运动才能在小学期间得到充分体现，凡是他参加的体育项目，不管是棒球足球或者篮球，他都是当之无愧的队长。

初中的一个暑假，他参加了一个名叫“大篷车训练营”的项目，要在外边露营一夜。那天晚上，他跟十四个孩子一起睡在森林里。拂晓前，他突然醒来，眼前光芒四射。刚开始他还以为自己在做梦，“接着就听到了空灵低语，好似天使对我呢喃，”卡尔回忆道，“那个声音对我说：‘你被选中跟随我。’我想我的灵性之旅就始于那一刻。”

在圣巴巴拉高中上到高三时，拉斯认识了在本地一所名叫韦斯特蒙特学院上大学的杰伊·博蒙特，被他招进了一个名叫“年轻生命”的基督教团体。高中毕业之后，圣路易斯布朗队给拉斯提供了打职业棒球的机会，可是拉斯决定上大学继续深造，同时寻求精神指引，因此，他追随博蒙特，进了韦斯特蒙特学院，在那里遇到了之后成为他妻子的女孩，苏。拉斯入学时，穷得叮当响，口袋里只有一毛钱。他母亲简直不敢相信他居然推掉了一个职业棒球赛的合同，还拒掉了亚利桑那大学和加州大学洛杉矶分校提供给他的体育奖学金。

一九五六年，拉斯从韦斯特蒙特学院毕业，计划当老师。至此，卡尔一家开始了多姿多彩的传奇人生。三十多年间，卡尔和妻子生了四个孩子，住过十八个地方，每到一地，卡尔总是会对那里最困难的学生关怀备至。在俄勒冈的一个学校教书时，他遇到一个小姑娘，天天穿着同一件衣服，衣服破旧肮脏。于是，卡尔开车去家访，看到这个小姑娘住在仅有两间屋子的小房子里，厕所在户外，家里没有电也没有自来水。

小姑娘的母亲早已抛弃全家人出走，父亲是个伐木工，终日忙碌，照顾两个弟弟妹妹的任务就落在了她一个人身上。要是想洗澡，她得跑到附近的小溪边，做饭用的水和全家人的饮用水也要靠她挑回家。看到她的生活如此窘迫，卡尔把学校女生更衣室一个储物柜给她用，这原本是用来存放洗漱用品的，还把她安排在学校的食堂打工，保证每天有一顿饱饭吃。

卡尔一家后来又去了华盛顿，去了德国，去了英国，满世界走了一大圈。十年之后，兜兜转转又回到了圣巴巴拉。一九六六年，卡尔接受了韦斯特蒙特学院发出的邀请，在学院教书，同时担任棒球队和足球队的教练。他以前没踢过足球，不过在欧洲待的那三年使他对足球的兴趣越来越大。

一九六八年，棒球赛季即将结束时，卡尔面临了两难的抉择。足球和棒球的赛季都会持续一整年，如果卡尔把精力花在一个队上，那么另外一个队就会提意见，觉得自己不受重视。于是，卡尔放弃了棒球，把重心全部放在足球训练上。“回头看当时的选择，我才发现，冥冥之中是上帝帮我做了决定。”卡尔说，“因为正是足球引导我迈入人生的更高境界，帮我打开了一道道心门，引领我找到心之所向。”

谁知道那灵光一现始于何时？时光流转，早已模糊了过去的记忆。不过，对拉斯·卡尔来说，这个想法很可能生发于危地马拉的一个公园里。一九七四年，卡尔作为教练带领一支大学全明星足球队到危地马拉市参加中美洲基督教巡回赛。一天下午，他和两个球员离开旅馆到一个小公园里踢球，还没踢一会儿，不知道从哪里冒出来五十个危地马拉的孩子，要跟他们一起踢球。很快，卡尔和两个球员就跟这一群孩子打成了一片，说着对方听不懂的语言，努力交流。对卡尔来说，他的想法应该就在此刻萌芽。有一会儿，他停止奔跑，看着孩子们幸福满溢的笑脸，不禁沉醉其间。中美洲那个炎热下午的经历，也许就是后来一切的开始。想要通过体育运动帮助不发达国家的念头就在那里生根发芽。

一九八二年，卡尔辞去工作，离开亲朋好友，横穿整个美国，从加利福尼亚州的圣巴巴拉来到弗吉尼亚州的林奇堡，购置了一座农舍，农舍两边各有一片五英亩大的草坪。卡尔计划把这两片草坪当成足球场，为他将来的体育传教储备力量。到这里没多久，他接受了一份工作，到基督教学校利伯缇大学教书。在那里，他结识了学生传教小组“光之部”的负责人弗农·布鲁尔。一九八七年，布鲁尔带着利伯缇大学的学生准备开始每年一次的夏季传教之旅，他邀请卡尔以篮球教练的身份加入他们的队伍。

卡尔同意一起去，随口问了一句：“我们第一站去哪里？”

布鲁尔回答道：“乌干达。”

到达乌干达之后，卡尔跟六个队员一起在各个学校组织篮球培训班，也帮乌干达国家篮球队训练。除此以外，他们还到教堂、医院、一座监狱还有坎帕拉的大街小巷开展传教活动。一天下午，一个曾经在坎帕拉大学上学的人找到卡尔，痛哭流涕地跟大家讲述了他的故事。他上大学时正是阿明执政的那几年，一天，他从学校回家吃午饭，到家才发现自己的父亲、母亲、三个兄弟和两个姐妹全部被阿明的士兵杀害。卡尔耐心地劝慰着这个心碎的男人，当天就助他皈依了基督教。就从那一刻开始，卡尔决定尽自己所能给身处困境的乌干达人以帮助，这也成了他毕生的追求。

第二年，卡尔跟利伯缇大学的传教队再次来到乌干达时，他已经正式创建了超越体育基金会。基金会的宗旨是以足球为载体，给这个国家最穷苦的民众以宗教的指引。乌干达国家体育委员会指派一个名叫姆韦希加的乌干达人负责接待他们，给他们当向导。姆韦希加曾经是乌干达国家足球队最好的前锋，后来也当过球队教练。卡尔和姆韦希加一见如故，他们都喜欢足球，又都对当教练颇有心得，所以，姆韦希加成了第一个为超越体育基金会工作的乌干达人。

“他们找到我，真的让我受宠若惊，”姆韦希加说，“我其实不太懂体育传教，只是一直致力于培养年轻人对足球的兴趣，希望通过足球改善他们的生活。现在加上传教，应该是如虎添翼了吧。”

一九九五年，姆韦希加把乌干达前国家足球队的队长卡兹介绍给卡尔，卡尔立刻就看出卡兹跟他一样，对体育传教充满热忱。于是，他在超越体育基金会给卡兹也提供了一处职位。那时，卡兹正在一个由再生基督徒组成的足球队当教练，球队名叫奇迹，受他指导的几名年轻牧师中，有一个极有天赋的前锋，名叫卡滕德。

时间来到二〇〇二年。一天上午，姆韦希加开车驶过乌干达南部一条尘土飞扬的道路，车上坐着卡尔。两人正准备去往一个村庄传教，不知怎么就说到了坎帕拉贫民窟如雨后春笋般出现的孩子们。一个念头突然在卡尔脑中闪现。他拿起手边的黄色记事本，开始在上边涂涂画画，随手写下的灵感成了超越体育基金会在城市的贫民窟开展项目的蓝图。

那天，卡尔跟姆韦希加一起把项目的基调定了下来。先选出有领袖潜质的球员，组成一个球队，球队起名好消息足球俱乐部；接着培训这些球员，教他们如何在贫民窟完成卡尔为贫民窟的孩子们设计的项目。整个设计分为五部分：运动，职业训练，社区服务，教育和膳食——当然每部分都要在基督教义的指导下进行。坎帕拉共有八个贫民窟，项目首先会在其中三个开展：基布里、纳提特和卡推。

卡尔知道，作为一个姆宗古，开展这些项目时当地人要么会怀疑他居心不良，要么会把他当成索贿的目标。于是，他想了许多办法让自己的团队赢得贫民窟社区的尊重，从而被社区居民接受。首先他们会联系由本地居民选出的领导人，经他同意后会去做一些社区服务，像是捡捡垃圾、清理清理排水沟这样的工作。干几个小时之后，他们再拿出足球，吸引孩子们跟他们一起玩各种游戏。

卡尔当时已年近七十，他很清楚要是想把项目长期开展下去的话，年迈的自己已经力不从心。需要有人帮他实现自己的愿景并发扬光大。超越体育基金会的董事会要卡尔找一个美国人做他的接班人，负责在乌干达招募项目的下一代负责人。于是，某一天，卡尔邀请林奇堡的一个牧师罗德尼·萨迪斯去他的农场参观。两人围着农场草坪转了一大圈之后，卡尔向萨迪斯解释了他想要通过体育传教的愿景。

“天呀，照你这么说，我这辈子可能一直在干着体育传教士的工作了，”萨迪斯用南方人特有的慢慢吞吞拖长腔的调调跟卡尔说，“只是不知道居然真的有体育传教这回事。”

“我觉得我是在卡美洛城堡①里长大的。”罗德尼·萨迪斯说。

实际上，二十世纪五十年代左右，罗德尼出生于弗吉尼亚的纽波特纽斯。罗德尼的父亲，约瑟夫·萨迪斯，人称“巴克”，是一个典型的蓝领工人，二战退伍老兵。巴克的父亲过去在造船厂当计时员，所以巴克在海边长大，喜好航海，而且，对巴克来说，以后接父亲的班，继续在造船厂工作似乎是理所当然的事。高中毕业后，巴克于第二次世界大战期间加入了美国的商船队。战后回家，跟洛伊斯·帕克结了婚，生了四个孩子，其中就有出生于一九四九年的罗德尼。

巴克在纽波特纽斯的造船厂找了份电工的活，一家人住在甘布街一栋有两个房间的平房里。房子所在的小区名叫绿橡树，离码头不远。凡是住在这个小区的人家，男主人都在船厂工作，是这些小市民家庭的经济来源和生活保障。这里的人在这儿一住就是一辈子，从不离开。甘布街的居民们，单从名字上看，就能看出他们的祖先来自世界各地，有叫欧什特罗斯基的，有叫蒂尔尼基的，有叫贾金斯的，有叫史密斯的，有叫普利的，有叫绍姆伯格的，还有叫麦肯齐的。清一色的白人。

“我们班里从来没有过有色人种，一直到高中毕业都没有，可是我的父母却总是叮嘱我要做一个体恤他人、善解人意的人，”萨迪斯说，“他们要求我们对任何人，不论肤色，不论人种，都不能说任何歧视性的言

①卡美洛城堡（Camelot Castle）是传说中亚瑟王住的城堡。

论。当时，种族隔离在南方愈演愈烈，所以我们身边的人都会或多或少地说些难听的话，可是，萨迪斯家的人绝对不会。那时我还不懂，这样的理念对我的人生是多么宝贵。”

上小学的第一天，老师让罗德尼和班里的孩子们试着数数，能数到几就数到几。有些孩子之前上过幼儿园和学前班，所以数数对他们是小菜一碟。可是罗德尼既没上过幼儿园，也没上过学前班，因为他们小区的孩子都不上。其他孩子会用印刷体书写自己的名字，罗德尼连他名字的第一个“罗”字都不会写。他的座位在第一排，老师让他第一个站起来数数。他数到了六。

“我那时六岁大，所以能数到六，自我感觉还挺好，”萨迪斯说，“结果，后面的孩子一个个数得都比我多，有的都超过一百啦！那次的经历真是丢脸。从那时起我就意识到了我骨子里的争强好胜。当时的情景实在是太尴尬了，我可不想再这么丢人。得再加把劲才行。”

童年时的罗德尼没有脚踏车。甘布街每家每户的院子都很小，孩子们要想打棒球，就得到离甘布街两英里远的一个名叫“鹿园”的公园里去。其他孩子都骑脚踏车过去，只有罗德尼一路飞奔抄近路穿树林，所以他总是第一个到公园。那些年的长跑经历让罗德尼对跑步产生了兴趣，年岁渐长，跑步水平也越来越高。跑步跟他很合拍。他性格内向，不善交际，正好一个人跑步。

高中时，速度惊人的罗德尼被沃里克高中田径队的队友戏称为“火箭罗”。经过多年摸索，他终于找到了最适合自己的项目：一英里跑。靠着勇气和决心，再加上内心深处对失败的恐惧，和被更有天赋的跑者超越的担忧，他越跑越快。

“高中的运动经历让我感受到了徘徊在理想和现实之间的感觉，”萨迪斯说，“我想这是我从多年体育训练中学到的最重要的一课。大多数人内心深处都在理想的自己和现实的自己之间徘徊。就像我，知道自己的理想目标是什么，虽然实力还差得远，可我真的有实现目标的决心。如果我目标够明确，不论是在学习上，还是在赛场上，我都会一点一点提高现有的水平，慢慢朝理想靠近。”

高中期间，罗德尼参加了许多比赛，每次都会逼自己突破生理极限，拼尽全力往前跑，结果，赛后他总会发现尿中带血。跑得越快，尿的血就越多。“当时我就知道我的身体机能在衰退，”萨迪斯说，“可是从小到大，我们那儿的人要是身体出毛病，从来没人声张，所以我也没吭声。”

高二那一年，学校升学指导办公室的辅导员把他叫过去，跟他说：“你现在该考虑考虑上大学的事了。”

“上大学？”罗德尼吃惊地说，“我高中毕业后要去船厂上班。”

“以你现在的水平，完全可以拿到威廉与玛丽学院的奖学金。”

一整天，罗德尼都在思考着两个问题：要不要去上大学？敢不敢偏离既定的人生轨迹？那天晚上，罗德尼跟父亲说了自己的决定，很明显，巴克特别失望。对巴克来说，上完高中就去工作是天经地义的事情。一说起那些上大学的“天之骄子”，他就带着嘲弄的语气。“你是不是觉得船厂配不上你？”

“不是的，我根本就没那样想，”罗德尼说，“我只想尝试一下生活在别处的感觉。”

二十世纪六十年代后期，到威廉与玛丽学院上学的罗德尼发现班里仍旧没有几个有色人种的同学。当时的美国社会，价值体系与道德标准正在发生剧变，跟当时的大学生一样，罗德尼想要努力适应这种种变化。于是，他离开了几乎全是白人的威廉与玛丽学院，来到几乎全是黑人的汉普顿大学待了一个学期。

“因为我的肤色与他们不同，所以在那儿没人欢迎我。这也算是让我大开眼界。”罗德尼谈起在汉普顿大学的经历。“那段时间，我对自己有了更深入的了解。虽然我天生内向，可我并不喜欢孤独一人，更不喜欢因肤色不同被孤立的感觉。悲哀的是，我根本不知道该如何冲破挡在我面前的藩篱，好让自己自在一些。那种感觉真的很无奈。”

在威廉与玛丽学院那几年，赛场上的罗德尼一直徘徊在理想速度与现实速度之间。队里有两个选手的一英里跑速都低于四分钟，而四分钟之内跑完全程一直都是罗德尼的目标。大二那年的对抗赛上，他只差一点点就要实现这个目标了。可是，在其中一轮竞争特别激烈的比赛中，最后转弯时他被人撞了一下，步伐一下子被打乱，结果跑了第三名，成绩是四分零三秒。萨迪斯再也没跑过这么好的成绩。

大二暑假，他获得了参加一九七二年奥林匹克运动会一英里跑选拔赛的资格。这届奥运会在德国慕尼黑举行，对二十三岁的萨迪斯来说，这很可能是自己能参加的唯一一届奥运会，也是自己唯一有望在这个世界大舞台上奔跑的机会。选拔赛在俄勒冈州尤金市举行，一到那里，萨迪斯就意识到自己的实力是多么不堪一击。他突然怯场，身体也在关键时刻掉了链子，结果，第一轮小组赛他就被淘汰出局。

“我的肾脏当时出了严重问题,感觉整个人都不行了。”萨迪斯说:“那时候刚刚开始对运动员进行尿检，等到我那杯尿交上去，我就知道自己的跑步生涯算是完了。”

那天晚上,萨迪斯做了手术。医生发现他的肾脏系统由于先天缺陷,其中一个肾的功能已经严重退化，近乎衰竭。竞技赛跑加剧了肾脏系统的负担，所以必须要把衰竭的肾脏摘除。萨迪斯说:“一想到我再也没机会继续追逐运动之梦，我就心如刀绞。”

萨迪斯是家里的第一个大学生，毕业后，他又到弗吉尼亚联邦大学研究生院继续深造，拿到了教师资格证，在那里遇到了后来成为他妻子的女孩，贾尼丝。萨迪斯的第一份工作是到里士满的托马斯·杰斐逊高中教书。这是一所贫民区中学，学校里有许多黑人孩子，每天由专门的校车接他们到这所位于白人社区的学校上学。萨迪斯在学校教授历史和政治学，同时担任校田径队的助理教练。执教七年间，学校的田径队斩获四次州冠军。“对我来说，在田径队执教的这几年是我觉得最有意义的时光，因为能看到孩子们不断进步，”萨迪斯说，“看到有学生毕业之后被哈佛大学录取，一切努力都值得了。可是，并不是所有的学生都能心想事成，对生长在贫民区的孩子们来说，更是难如登天。”

带过这么多学生，一个名叫雪莉的女学生的悲惨经历最让他心痛。雪莉是杰弗逊高中田径队的队员，每天凌晨五点，萨迪斯都会开着他那辆橙色大众甲壳虫车接上雪莉一起去参加晨练，也被田径队称为“黎明巡逻”。“一天晚上，我突然接到一个电话，说雪莉的母亲和男朋友吵架，结果那个男人在她眼前用霰弹枪把雪莉打死了。”萨迪斯说，“经过那件事，我才发现，人的一生中总有些事情我们无力掌控，更无法改变。到底为什么会这样，我想不通。这样的思绪折磨得我心力交瘁。”

雪莉之死让萨迪斯有了辞去在杰斐逊高中工作的想法。后来，雪莉的队友为了纪念雪莉，赢得了州冠军。当天，萨迪斯收到了位于林奇堡的 E.C. 格拉斯高中发出的工作邀约，请他去教书，同时担任校田径队的教练。萨迪斯知道他必须要有所改变，于是接受了这份工作，来到林奇堡。

到格拉斯高中之后，他带着田径队训练了一个赛季，赛季即将结束时，他突然辞职。对萨迪斯来说，内心深处一直觉得自己的使命应该在别处，所以，他开始积极参与教堂的各种活动。有一天，教堂负责人问他愿不愿意专职来教堂服务，担任基督教教育主管。萨迪斯从没有接受过正规的训练，只在小时候跟着在主日学校当老师的父母学过一些皮毛，还有就是平日从《圣经》中得来的知识。虽然担心资历不够，可他还是接受了这个挑战。

萨迪斯搬到林奇堡的那一年，拉斯·卡尔也在林奇堡买了农场，为开辟全新的人生之路储备力量。帮卡尔购买房产的老者正好跟萨迪斯服务于同一个教堂，他建议萨迪斯跟卡尔见个面聊一聊。萨迪斯问他为什么要让自己跟这个人见面。“还记得你之前跟我们说，想要通过体育运动帮助教区的孩子们吗？”老人说，“你猜怎么着，拉斯也在动这些奇怪的念头呢。我们是没听懂，不过说不定你俩会有共同语言呢。”

八年之后，罗德尼·萨迪斯陪着拉斯·卡尔来到乌干达的古卢。当时的古卢堪称乌干达的“恐怖大本营”，数万名儿童被约瑟夫·科尼和其领导的反政府武装——上帝抵抗军（LRA）绑架。被绑架的孩子有的被杀死，有的被迫当了娃娃兵。到古卢的第一天晚上，萨迪斯目瞪口呆地看着成千上万名儿童，有的才刚刚三岁，裹着毯子从周围的村庄一路跋涉，来到为无家可归者准备的帐篷里躲起来，希望能逃过LRA的魔爪。当时正在古卢指导超越体育基金会工作的卡兹告诉他们，这些孩子被大家称为“夜间通勤宝宝”，或者被称为“消失的孩子们”。

卡兹跟他们讲述着这里的孩子们所处的悲惨境遇。叛军在绑架男孩子之前，会逼着孩子们杀掉他们的父母；有点姿色的年轻女孩子们一次又一次被强奸，被折磨，剩下的都被卖为奴隶。就算有幸逃脱LRA的魔爪，或是被政府军解救，这些孩子的精神也差不多完全被摧毁。看着眼前的苦难，听着幸存者的遭遇，萨迪斯知道，他的人生会再一次发生翻天覆地的变化。

“看着成千上万的孩子因为担心被绑架或是被杀害，争先恐后地往防护重重的保护区挤，就为了那一点可怜的安全感，那种感觉真的是太让人心痛了。”萨迪斯说，“再看看我自己，离群索居，舒适安逸，生活如一潭死水，令人生厌。突然，我的心不再徘徊不定。回到家，我跟妻子谈了乌干达见闻，也讲了我的感受，我甚至故意跟她说，‘我觉得这是上帝对我的召唤’，来换取她的支持。”

第一次到卡推时，眼前的景象对萨迪斯的冲击同样强烈。“在世界各地传教的时候，我到过许多条件十分艰苦的地方，所以，贫困我不怕，可是让我心惊的是看到那一张张冷漠绝望的脸。因为我知道，这种刻骨的绝望很快会转化为暴力，要么自残，要么伤害他人。”萨迪斯说，“刚到卡推时，整个贫民窟给我的感觉就是一个装满了炸药的火药桶，随时都有可能被引爆。不了解情况的人会跟我说，生活在那里的人需要找到信仰，需要耶稣的救赎。我的回答是：‘是的，他们是需要找到信仰，可是他们更需要接受教育，他们更需要职业培训，他们更需要填饱肚子。’”

萨迪斯意识到，与美国不同，乌干达底层的穷人从来不在国家经济安全网的保护范畴之内，这也是大多数经济不发达国家的通病。那么，超越体育基金会是不是应该从这方面着手，来尝试着填补一些空白呢？于是，他不再进行纯粹的传教，对卡尔的计划进行了完善和补充，形成了更加全面的规划。其宗旨可划分为以下六个层面：社交层面、心理层面、情感层面、心智层面、身体层面和精神层面。

“我觉得不能把孩子们遇到的困难单纯从精神层面进行解读，”萨迪斯说，“我们不可能简单地对孩子们说：‘别害怕，上帝与你同在。’这一点用都没有。必须要让他们感受到，我们是真真切切地想要帮他们解决困难。我到过很多贫民窟，见到过许多宗教组织在那里传教，帮助成百上千的人皈依了基督教，然后呢？没有然后了。我也见过一些慈善组织给贫民窟的人们提供食物，可是以后呢？谁来喂饱他们？”

萨迪斯受卡尔之托，来乌干达帮助姆韦希加和卡兹培训指导年轻的领导者。第一次见到卡滕德，萨迪斯就看出卡滕德潜力无限。

“罗伯特身上有种独特的气质，既不卑不亢，又机警过人，这种气质让他在人群中脱颖而出。”萨迪斯说，“要是跟他竞争，他可是个会让我害怕的强劲对手。我见到他时，他的象棋项目刚刚开始，心中却已经有了一张宏伟蓝图，真让人惊喜。在他的计划里，象棋可不光是给不爱踢球的孩子们准备的替代品。通过跟他学棋，孩子们能从他身上学到好的东西，不但在学校表现得越来越好，人际交往能力也越来越强，更重要的是，这些孩子有了成功的机会和途径。”

超越体育基金会里有些纯粹主义者，他们认为国际象棋根本就不算体育运动，所以，不应该把本该用来踢足球的时间分给象棋。面对这种质疑，萨迪斯给了卡滕德百分百的支持。过去十年间，萨迪斯来回奔波于弗吉尼亚和乌干达，十几趟下来，他早已成了卡滕德和其他二十四名为乌干达超越体育基金会服务的年轻传教者不可替代的人生导师。

“我的目标就是尽我所能帮助这些可怜的孩子。为了实现这个目标，我首先要做的就是教会罗伯特他们如何架起理想与现实之间的桥梁。”萨迪斯说，“如果哪天我去了乌干达，见到这些有幸与之共同奋斗的传教者和孩子，却无力帮助他们改善现状，那才是对我最大的打击。认识我的人都知道，要说我有什么过人之处，那应该就是可以帮助人们一步步从现实走向理想。我的使命就是要帮助那些虽然只能数到六，可是却非常非常渴望学会如何数到七的孩子。”

加利福尼亚的圣巴巴拉市是世界上最好的地方之一。从许多方面来说，这个地方堪比卡美洛。城市风景优美，生活富裕，孩子们茁壮成长。这里有的，卡推都没有。安德鲁·波普就在这里长大。在安德鲁的父亲诺姆和母亲特里西亚眼里，安德鲁温柔忠厚，体贴周到，多愁善感，易受外界影响。小时候，安德鲁喜欢读书，想象力异常丰富的他总是会迷失在故事里。一次，读完《阿拉丁与神灯》的故事后，他连续做了一个星期的噩梦，天天梦到故事里的大坏蛋贾法尔。安德鲁爱好广泛，他学弹吉他，学弹钢琴，学打鼓。小学四年级时，学校开展“大帮小”的活动，每个孩子都要选一个比自己年龄小的孩子进行帮扶。有个低年级孩子是唐氏综合征患者，其他孩子都不要他，唯独安德鲁，点名要帮助这个孩子。六年级的阅读课，班里的其他孩子都漫不经心地翻漫画书，或是什么青少年读物，只有安德鲁在认真读《圣经》。

安德鲁喜欢做梦。从小到大，他的梦想数不胜数，梦想驾驶怪物卡车，梦想当一个职业冲浪运动员，梦想长到七英尺高。后来他才知道对女孩子们来说，自己六英尺九英寸的身高已经足够。他的父母为他感到骄傲，说他是个不同凡响的孩子。

安德鲁·波普是又一个因擅长体育运动而改变了命运的人。小时候，他和父亲一起打篮球，一打就是几个小时，往装在车道上的篮筐里投篮。安德鲁考上圣马科斯高中之前，诺姆一直是他的篮球教练。高二那年，安德鲁到中国学中文，同时效力于那里的篮球队。二〇〇四年暑假，他又跟着教会代表团一起去危地马拉教那里的孩子打篮球。

高三时，安德鲁既是学校棒球队的拦网队员，又是篮球队的首发中锋，他也是唯一有此殊荣的学生。在学业上，安德鲁表现优异，他的SAT考试成绩超过了一千五百分。综上种种，安德鲁在大学招生人员的眼里，是个模范的学生运动员，他想上哪所学校都可以。全国有十几个大学的篮球队都想让他加入，不过他的理想是去常春藤名校，如哈佛大学或耶鲁大学，而且这几所学校对他也挺感兴趣。不过，高三那年，安德鲁突然懒散了起来，原因为何，他父母也说不清。等到提交大学申请书时，安德鲁居然错过了截止日期，这几所常春藤名校很快就对他失去了兴趣。

二〇〇五年——就在这一年，生活在世界另一端的九岁小女孩菲奥娜第一次坐在棋盘前，准备用象棋改变她的命运，一个夏日清晨，年仅十八岁、刚刚高中毕业几周的安德鲁·波普开车经过圣马科斯山口，向山上驶去，一直开到了冷泉峡谷拱桥。桥长一千二百英尺，是个钢结构的拱桥，同时也是一五四国道的一部分，横跨整个峡谷，把圣巴巴拉和圣塔内兹山谷连接了起来。早上五点十五分，当地的一个副警长开车上班途中，看到安德鲁的车停在大桥北端，已经着火，而安德鲁正慢慢从大桥中间往旁边的围栏走去，围栏只有大腿那么高。副警长赶快向他冲去，可是，目光呆滞的安德鲁已经纵身跳下了二百英尺高的拱桥，掉进了雾气蒸腾的茂密丛林中。

诺姆和特里西亚伤心欲绝。他们不知道该用何种方式纪念儿子，随后想起之前在圣巴巴拉社区教堂做礼拜时，一个名叫拉斯·卡尔的福音传道者激情满满地谈到了他对超越体育基金会的愿景。在波普夫妇看来，这个组织关注儿童、关注体育、关注教育，正是安德鲁的完美体现。所以，他们没有给儿子买花，而是把钱以儿子的名义捐给了超越体育基金会。后来，听说他们捐的钱居然能帮助几十个乌干达儿童重返校园，就把本来给安德鲁准备的大学基金也捐了出来，在萨迪斯的帮助下，设立了安德鲁·波普纪念奖学金。

安德鲁死后好几年，波普夫妇一直没从悲痛中走出，也根本不敢听到任何跟奖学金有关的消息。虽说如此，萨迪斯还是每年都鼓励他们去乌干达看看接受资助的孩子们。终于，安德鲁去世五周年的时候，波普夫妇来到坎帕拉，见到了菲奥娜和其他六十个接受资助的贫民窟儿童。要是没有安德鲁·波普纪念奖学金，这些孩子根本没有机会上学。这一切听来好像就是一个简单的关于救赎的故事，可是对波普夫妇来说，事情要复杂得多。

二〇一〇年九月十八日早晨，站在坎帕拉纳米热比宾馆的阳台上，安德鲁的父母谈到了来这里看望接受波普奖学金的孩子们对他们来说意味着什么。

特里西亚·波普："来到乌干达使我对自己过去的遭遇有了更深刻的理解。作为西方人，我们不喜欢面对死亡，也不喜欢失去亲人。我们不知该如何应对生活中的悲剧，因为悲剧对我们来说太陌生了。安德鲁死后，我们的生活突然变得一团糟，所以，这里的一切都让我惊喜。菲奥娜的成就更是让我欣喜。对我来说这份礼物简直令人难以置信。失去安德鲁的悲痛会一直伴随着我，我天天都梦想着能重新感受他的心跳，可是，我也很感激上帝给我机会来庆祝菲奥娜的新生。我想这就是为什么人有两只手的原因。一只手代表着生命，一只手代表着死亡。这次旅程让我明白了生死，也明白了生与死之间相互依存的关系。

“我想有人肯定想让我们永远悲伤下去，可是我却不想再跟以往一样天天以泪洗面。我想要平静地接受安德鲁已经离去这个事实，就像菲奥娜平静地接受生活中所有的艰辛一样。虽然失去了儿子，可是现在的我突然感觉自己的人生又完整了，因为这个世界上有太多人的苦难比我的深重。给菲奥娜的人生带去希望和光明绝对是我们的意外收获。菲奥娜的妈妈居然还要感谢我。你跟我开玩笑吗？我应该感谢她才对。我要感谢她每天都拼尽全力养活菲奥娜。我们都是母亲，作为母亲，我有我的悲哀，她也有她的悲哀。我感觉与她休戚与共，携手同行。要说是我帮她，还不如说是她在帮我呢。菲奥娜的母亲突然跪到我面前，跟我说‘谢谢你’的时候，有种感觉挥之不去，好像我跟她是一家人，谁不愿尽其所能来帮助自己的家人呢？

“我的儿子听从了内心黑暗的声音，觉得他的生命最好终结。这令人心痛。他永远是我可爱的宝贝。他自杀的原因对我们来说是个难解之谜。我们永远也没有机会解开这个谜团了。其实对我来说，也不是非得知道原因不可。我们耗费了两年的光阴追寻答案，后来我才意识到，要追寻答案，首先得保证能接受这个答案。这次旅程就在帮助我们接受这个答案。”

诺姆·波普：“我不知道以前是否说过这样的话：不管病得有多严重，不管生活境遇有多坎坷，只要还活着，希望就在。对我和我妻子来说，安德鲁的死彻底带走了我们所有的希望，这是最让我们难以接受的。这次去乌干达，有六十一个接受波普奖学金资助的孩子在等着我们，希望我们每一个都能见到。他们的生活糟糕透顶，他们的境况令人揪心。可是，他们还活着，就有希望。

“我发现人们总喜欢给悲剧贴上各种标签。就拿我们来说，人们总是说安德鲁死得其所。可是在我看来，做再多的好事也比不上儿子的命值钱。什么都不值得拿他的命去换。任何人都替代不了他。这不是一个简单的数学等式。不是简单的‘死了一个，成全了六十一个’那么简单。不能这么算。不过换个角度讲，这也算是一种赎罪，因为如果安德鲁不死，我们不可能来到这里，也不可能设立这个奖学金。因为这件事，我们开始珍惜生命，感悟生命的真谛，这种感受如此独特，孩子们应该很难领悟。

“我们对菲奥娜有着别样的感情，不在于我们给了这个孩子多少钱，也不在于她有多么成功，而是因为这孩子身上散发出来的倔强与不屈，让我们不由自主地被她吸引，个中缘由，她自己都不见得知道。可是我们的儿子安德鲁，居然如此不珍惜生命，居然对生活万念俱灰，想想就心痛。我知道这些孩子对生活也不抱任何希望，可要是我们能尽自己所能，拉他们一把，让他们能够生存下去，那么也许有一天，他们就会对未来充满希望。

“对我们来说，最难以接受的就是，我们没有办法把安德鲁塑造成英雄的形象，可他是我们的孩子，不管怎样我们都爱他。他不是孩子们的榜样，面对困难，他不够勇敢；面对困境，他一时冲动做了错误的决定。这就是让我们为难的地方。可我们还是想纪念他。他是犯了一个错误，一个不可挽回的错误。可对大多数人来说，就算犯了错，也还有机会改正。只要活着，就没有借口放弃希望。这就是我们最想跟这里的孩子们说的话。我们不能跟他们谈论安德鲁的死因，但我们可以跟他们说：‘嘿，我们的儿子已不可能死而复生，所以希望你们能过上他没机会享受的人生，希望你们带着希望勇敢地生活。’”

菲奥娜的学费由安德鲁·波普纪念奖学金资助，金额为每年七十五美元。

# Middlegame

# 中局

# 第七章

# 巾帼不让须眉

据记载，国际象棋起源于公元六世纪，由印度当时流行的一种以梵语恰图兰卡（chaturanga）命名的棋戏演变而成。棋戏内有兵、马、象、车四种棋子。后来，恰图兰卡传入波斯，名字变为王杀(波斯语ShatMat),意思就是“杀死你的王”,国际象棋中的术语“将死”(checkmate)就来源于波斯语的“王杀”。国际象棋传到俄国之后，深受沙皇喜爱，又通过一次次的侵略和领土扩张流传到西欧国家。

国际象棋的棋子以欧洲中世纪宫廷的人和物命名，走法也与当时的战争规则类似。到十五世纪，Chess 一词首次用来指代国际象棋，下棋规则也发生变化，后变成了棋盘上最具威慑力的角色。变化后的规则沿用至今。十九世纪早期，国际象棋俱乐部和各种棋谱开始出现，美国的开国元勋托马斯·杰斐逊和本杰明·富兰克林也是国际象棋爱好者，两人都写过跟国际象棋有关的文章。一八五一年，世界上第一个国际象棋锦标赛在伦敦举行。几十年之后，一个名叫威廉·斯坦尼茨的捷克人提出了一系列象棋理论，通过强化己方棋子的位置来攻击对手弱点，把兵型结构和子力位置联系起来。他将理论充分用在一八八六年举行的第一届世界国际象棋冠军赛中，并赢得了比赛，由此成为第一位国际象棋世界冠军。

一八九四年，德国数学家埃曼纽尔·拉斯克击败斯坦尼茨，成为新的世界冠军，并将这一殊荣一直保持了二十七年。后来，国际象棋的棋坛慢慢被苏联人一统天下。从一九四八年到二〇〇〇年，除了一九七二年到一九七五年间的冠军被美国棋手鲍比·费舍尔夺走之外，所有冠军宝座都被苏联棋手占据。一九九九年，国际奥林匹克委员会正式承认国际象棋为单项体育运动，可是，由于国际象棋不会消耗体能，所以没有被列入奥运会比赛项目。

一个国际象棋棋手能达到的最高级别为国际特级大师（GM），要想获得这一头衔，棋手必须要在世界国际象棋联合会（FIDE）组织的各类比赛中成绩优异。一九五〇年，FIDE 首次把国际特级大师的称号颁给了二十七位棋手。截至目前，全世界共有超过一千三百名男性棋手获此称号。一直以来，国际象棋为男性所主导，几乎没有女性棋手进入全球五百强之列，直到一九九一年，苏珊·波尔加被授予国际特级大师的称号，成为首位得到该称号的女性棋手。时至今日，共有二十二名女性选手获此殊荣。除国际特级大师之外，还有一个专为女性棋手设立的称号——女子特级大师（WCM），要求相对简单一些，所以到目前为止，有超过二百位女性棋手获得该称号。

作为世界上最受欢迎的棋类游戏，国际象棋传入撒哈拉以南非洲时，早已在全世界遍地开花。等乌干达人接触到国际象棋，时间早已来到了二十世纪。最初，国际象棋被殖民者带入乌干达，一直到七十年代早期，都被当成消遣的游戏，在一些人家里、个别学校以及一些俱乐部等地方小范围流行。到了一九七二年，乌干达的几个医生为费舍尔和苏联棋手斯帕斯基那场举世瞩目的“世纪之战”所鼓舞，成立了乌干达国际象棋协会。协会在坎帕拉断断续续组织了一些比赛，有时在穆拉戈医院举行，有时在马凯雷雷大学举行。一九七六年，协会加入国际棋联，改名为乌干达国际象棋联合会。

协会拥有的第一本象棋读物是创始人之一基布卡收到的结婚礼物——一本象棋教程的复印件。到七十年代后期，协会开始发行名叫《将杀》的薄薄的小册子，以提升人们对国际象棋的兴趣。八十年代早期，美国国际象棋联合会的负责人比布拉德到乌干达参加国际象棋研讨会。回国之后，他定期把美国国际象棋联合会出品的杂志《国象生活》邮寄到乌干达。在他的推动下，乌干达的国际象棋开始迅猛发展。“通过阅读《国象生活》，我们才真正学会了下棋。”现任国家队教练奥科斯说。奥科斯是乌干达最早下国际象棋的人之一。“在那之前，我们倒也看过几本棋谱，只记住了一些走法，可是不知道为什么要那样走。有了比布拉德的帮助，我们知道了原因。”

国际棋联当时共有一百五十八个成员单位，乌干达应该是最后一个加入的国家。第一个成为乌干达国家冠军的是一个英国人，在姆巴拉拉大学任教。虽然乌干达也培养了实力强劲的选手——最著名的应该算是扎巴沙贾，他连续九年保持国家冠军地位，还是东非国家第一个获得国际棋联大师称号的人——可是，他在国际棋联的排名从来没有进过前一百名。非洲国家一共出了六个国际特级大师，乌干达却连一个都没有，就连比国际特级大师低一个级别的国际大师也没有。国际象棋这个词在卢干达语中找不到相应的表述，所以菲奥娜在说到国际象棋的术语时，必须转换成英语才能表达清楚。

第一个把国际象棋引入乌干达学校里的人是戴米恩·格里姆斯——一个白人天主教神父和传教士。一九六七年，格里姆斯出任纳马萨加利中学的校长，这是当时在全国最有名望的中学。他先是在纳马萨加利中学教学生们下棋，慢慢地，逐渐推广到其他学校。后来，格里姆斯神父在坎帕拉的几所中学之间组织了一场国际象棋锦标赛，参加的学校当中有不少校长都来自英国。之后，锦标赛在全国展开，并冠上了格里姆斯神父的名字。

卡滕德想让他的团队参加二〇〇五年的格里姆斯神父杯国际象棋锦标赛。象棋项目已经开展了一年多，作为教练，他觉得是时候给孩子们找个奋斗目标了。“我有点担心，现在的练习已经变得越来越单调。”卡滕德说，“每天过来，训练，回家。第二天又来，再训练，回家。问题是，这样一直练，出路到底在哪里？我想应该给大家一个目标，这样才有动力。”

于是，卡滕德找到时任乌干达国际象棋联合会主席的巴伦巴，请求他让自己的队员参加二〇〇五年的锦标赛。卡滕德刚一开口，就被拒绝了。

“巴伦巴张口就说：‘他们怎么能来参加呢？’”卡滕德说，“他接着说，‘这些孩子是些流浪儿童，他们连学都没上过，怎么可能参加学校级别的锦标赛？而且，怎么能让他们跟那些家境良好的孩子一起下棋呢？不行不行，他们绝对不能参加。’我一跟他说这些孩子来自贫民窟，他就表现得好像很了解这些孩子似的。他觉得他们太肮脏，觉得他们没有教养，觉得他们是小流氓，觉得要是让他们参加比赛，就会把其他孩子带坏。所以，他有千万个理由拒绝我。”

卡滕德明白要想让孩子们参加比赛，他得先努力消除多年以来乌干达人心中的阶层偏见。对许多乌干达人来说，这些野孩子都坏得不可救药，所以就把他们排斥在主流社会之外。卡滕德在接下来的三个月里又拜访了巴伦巴无数次，每次都煞费苦心地给他讲自己的孩子们是多么优秀，绝对够资格参加锦标赛。他说孩子们可以当特邀选手。他说孩子们年龄都很小，也都没有经验，所以他们肯定不会赢得奖杯，可是他们真的需要有人给他们提供平台来真正感受一下象棋的竞争性有多么强。求过巴伦巴之后，卡滕德又去找了联合会的秘书长加利。

“从政治角度来讲，罗伯特的请求非常棘手，”加利说，“我去和主席商量，主席问我：‘你让他们怎么适应我们的比赛环境呢？’他一点都不想让这些贫民窟的孩子参加，可是我之前见过几个孩子，所以我就跟主席讲，联合会可以借此机会，向大家展示我们要把国际象棋向全乌干达传播的宗旨。”

巴伦巴最后终于心软答应了，不过他提了个条件，想着能让卡滕德知难而退。“报名费很贵，巴伦巴知道我没有钱，所以他说我们可以当特邀选手，但是得先把报名费交了。”卡滕德说，“他还以为把这个屏障竖在我们面前，我们就没法参加了呢。于是我去找超越体育基金会帮忙，他们给了我这笔钱。看到我把钱拿给他，巴伦巴特别吃惊，可是，他说过的话没法再收回。”

卡滕德把好消息告诉先锋棋手们的时候，他们都不敢相信。“在那之前，已经有不少孩子退出了象棋项目，因为他们觉得下棋就是浪费时间，”伊凡说，“其实他们是对象棋失去了信心，觉得下棋没有前途。可是当罗伯特教练跟我们说我们会去参加锦标赛的时候，大家十分惊喜。”

卡滕德派去参赛的选手包括了全部先锋棋手：塞缪尔、理查德、伊凡、朱利叶斯、杰拉尔德。另外，菲奥娜的哥哥布莱恩也跟着去了。参加比赛的孩子们，最小的七岁，最大的十三岁。对大部分孩子来说，这是他们第一次走出卡推，到位于姆皮吉的布杜国王中学参加在那里举办的二〇〇五年格里姆斯神父杯锦标赛。生平第一次，他们坐着面包车，离开坎帕拉，来到姆皮吉。在路上，卡滕德简单地给他们讲了一些基本的生活技能，像是怎么开矿泉水瓶盖，还有用银餐具吃饭，等等。四十五分钟之后，面包车带他们来到比赛地点。国王中学面积宽广，绿树葱郁，道路两旁大片大片的花卉无尽蔓延。比赛场地设在一个装饰朴素的剧院里，天花板上吊扇高悬，窗户上玻璃闪亮，对这些孩子来说，这里的一切都那么新奇。卡滕德让孩子们尽情体会这全新的环境，然后语重心长地跟他们说：“只有我们自己知道我们来自什么地方，其他人都不知道我们的出身。大家记住，一定不能露怯，要表现得好像我们跟他们一样。”

为了掩饰孩子们的出身，卡滕德把能想到的事情全都想到了。可是，百密总有一疏，总有些事情超出他的掌控。这些孩子连一件像样的衣服都没有，不是脏兮兮，就是破烂不堪。而对手们穿着的却是熨烫笔挺的校服，有些学生甚至穿着绣有校徽的西服和短裤。

“赛场上，根本没人理我们，有些选手还笑话我们，嫌我们太脏。可是，这些孩子穿的已经是自己最好的衣服了，而且他们真的很努力地尽量表现得体。”卡滕德说，“有些学生在问：‘这几个小孩是从哪个学校来的？’对他们来说，以前还从没见过这样邋遢的孩子。”

后来不知是谁把卡滕德的孩子们根本没上过学的消息散布了出来。“他们管我们叫小混混，”伊凡说，“我们听到他们在抱怨：‘他们是小混混？我们怎么能跟街头混混一起下棋？’他们故意用这样的话吓唬我们，折磨我们。所有人都对我们避之唯恐不及。他们都瞧不起我们。”

比赛刚开始，孩子们情绪很明显受到影响，一个个看起来紧张兮兮。“杰拉尔德一直发抖，全身颤抖，抖得连棋子都拿不住，”卡滕德说，“我告诉他：‘你看，跟你下棋的人就没发抖。自信一点。输了也没关系。就跟我们平时在卡推训练时那样下棋就行了。’”

“比赛之前我特别开心，因为能来到以前从没来过的地方，”塞缪尔说，“可是比赛一开始，我就莫名其妙地害怕了起来，坐在棋盘面前，浑身发抖。我想起教练跟我说要自信一些，不要发抖，这样想着，慢慢就平静了下来。我瞅了瞅他们几个，都挺安生，坐得挺舒服，棋也下得挺好，不知怎么搞的，我的勇气也回来了，感觉越来越自在。”

锦标赛持续了一周。这一周里，卡滕德一刻都不让自己的队员们离开视线。这些孩子不太会说英语，所以他害怕他们跟其他学生接触，因为他知道，要是他们一开口，很可能又会招来别人的嘲笑，说不定还会打起来。睡觉的时候，其他学生都睡在宿舍的床上，可是卡滕德和孩子们一起睡在宿舍地板上，拿一个床垫放在中间当枕头。卡推的孩子们每一餐饭都在一起吃，看到有那么多的鸡蛋、牛奶、面包和水果任他们吃，而且居然一天能吃三顿，他们惊讶得嘴都合不拢了。“我的孩子们跟我说：‘教练，我上一顿吃的东西还没消化呢，他们又叫我们去吃晚餐了。’”卡滕德说，“所以吃晚饭的时候，他们的胃里总是撑得一点地方都没有。这样的待遇能让他们兴奋好久。”

比赛结束了，卡滕德的团队排名在全部参赛团队中居中，比许多经验丰富的团队表现得都好，这让卡滕德特别吃惊。主办方给他们颁发了证书，上面称他们为“童之队”，又给他们发了一个小小的奖杯。除此之外，每人还得到了一块奖牌，表彰这批年龄最小的参赛选手。

“我们本来是把这些贫民窟的孩子偷偷塞进来参加比赛的，结果他们的成绩居然这么好，更重要的是，这些孩子都很守规矩，比那些天天上学的孩子规矩多了。”加利说，“你要是喊他们帮忙干个活，他们跑得比谁都快。我真的特别感动。联合会的人都很喜欢他们。后来，其他学生也发现这些孩子人很好，棋下得也好，大家也都接受了他们。”

虽然“童之队”赢了不少场比赛，可是，让卡滕德印象深刻的却是伊凡下的一场棋。那局比赛本来伊凡的优势特别明显，对手应该很快就能被他将军，可是伊凡一不小心犯了个特别愚蠢的错误，结果只能和棋。

“伊凡觉得自己稳赢，所以和棋之后他号啕大哭，哭声太响，吓得我赶快把他弄出比赛场地。”卡滕德说，“对其他孩子来说，伊凡的表现太丢人了，这个小孩怎么能因为跟一个年龄比他大的选手和棋而哭得稀里哗啦呢？我听到几个选手说，‘这些街头小混混太可笑了，怎么连下个棋都哭？’这些人不会懂得，象棋对这些孩子来说意味着什么。”

哈丽特没别的办法，只能让她的孩子们继续下棋。

布莱恩和菲奥娜又开始了每天回到布满灰尘的走廊上下棋的日子。有时候，他们会从卡滕德那里把棋盘借出来带回家，就在家里的破棚屋里一盘接一盘地下。两人谁都不愿意当最后输的那个人，于是，他们就一直下，直下到油尽灯枯。

"我现在还记得菲奥娜第一次打败我的情形，"布莱恩说，"当时我们都在为参加锦标赛做准备，我们俩分到了一组，结果菲奥娜赢了我。太丢脸了。菲奥娜虽然赢了我，可她却跟大家说是我赢了她。真是个好妹妹。从那以后，每次打败我，她都不会表现得很高兴，而是帮我分析哪一步我走得不对，应该怎么走，等下次再跟她下棋的时候我说不定就能打败她。她真的不喜欢打败我。"

可实际的情况却是，布莱恩打败菲奥娜的次数越来越少，究其原因，跟布莱恩把大部分精力用在帮妹妹精进棋艺上有关。"有一次罗伯特教练跟我们说，乌干达下国际象棋的女生特别少，假以时日，菲奥娜很可能会脱颖而出，"布莱恩说，"所以我们这帮男生都想看看要是我们联手培养她的话，她的水平能到什么程度。本杰明、伊凡、塞缪尔，还有我，我们都想把自己的全部精力用在她身上，看她到底能走多远。"

菲奥娜开始学棋时，贫民窟孩子与主流社会之间的藩篱已被打破，先锋棋手们的星星之火已照亮了通往外部世界参加象棋比赛的坦途。孩子们回到卡推之后，第一次参加格里姆斯神父杯锦标赛的经历被他们大肆宣扬，很快，这些精彩瞬间就传遍了整个卡推。来参加象棋训练的人数迅速扩充到以往的三倍。

现在，卡滕德把象棋项目逐步推广到了其他三个贫民窟：基布里、纳提特和布瓦伊西，教练都是来自卡推项目的棋手们。每天，卡滕德就在这些贫民窟之间来回奔波，有时一天跑两个项目，有时一天会跑三个项目。为了以后孩子们参加类似格里姆斯神父杯锦标赛这样的赛事时经验更丰富，他在自己的四个贫民窟项目中也设立了一个比赛，起名叫“项目间锦标赛”。

二〇〇六年八月，第一次项目间锦标赛在坎帕拉特殊教育学校的餐厅拉开了帷幕，因为学校和超越体育基金会的总部共用一个院子，所以比赛场地选在了这里。卡滕德从乌干达国际象棋联合会借了一大袋木头象棋，象棋的雕工太粗糙，得仔细看才能分清手中的棋子是车还是象。棋盘画在卡纸板上，每一个方格都是用尺子和铅笔细细描绘而成。比赛期间，每天早上卡滕德开着车依次赶到四个项目培训点，接上参加比赛的选手，再把他们送到比赛场地。人都到齐之后，孩子们开始上午的比赛，吃完午饭，下午接着比赛。一天的比赛结束，卡滕德再把他们一个个送回自己的贫民窟。锦标赛持续三天。

卡滕德从塞缪尔的祖母那里花一万五千先令（相当于八美元）买到了本次锦标赛的最高奖：一只鸭子。理查德，先锋棋手之一，赢得了这只鸭子。其他排名比较靠前的选手每人也有一万先令的奖励。卡滕德还从姆宗古捐助的旧衣服里拿了一箱T恤衫，给没拿奖的参赛选手们一人发了一件做纪念。每件衣服的背后他都用丝网印刷的方式印上了S.O.I

棋院的字样。又过几年，卡滕德从捐助箱里找到一个“冠军奖杯”，奖杯的黄铜牌子上刻着“一九七三年进步最快球员”的字样。卡滕德用胶布把一张纸贴在铜牌上，纸上写：项目间国际象棋锦标赛冠军。至于奖杯上为什么是个正在接高飞球的棒球选手，大家都不在乎。

第一天比赛，赛场上没人注意到这里来了个既害羞又胆怯的小姑娘，参加她有史以来的第一次锦标赛，跟满屋子的男孩子对弈。开赛之前，菲奥娜环视四周，发现自己居然是二十四名参赛选手中唯一的女孩，她开始怀疑自己是不是来错地方了。本想问问卡滕德自己是不是只要在旁边观赛就好，可她又特别想知道跟这些男孩子对弈是什么感觉，所以，菲奥娜努力压下紧张的心情，牢牢地坐在了座位上。

“那天他们跟我说我们要去参加锦标赛，可是我根本就不知道锦标赛是干吗的，”菲奥娜说，“当然刚开始我挺害怕，因为我知道会有许多选手从其他地方来跟我们比赛。记得第一天我下了三局，结果只赢了一局，不过那时已经到最后一轮了。我也不知道为什么，感觉突然就好了起来。当时我就想，‘明天我还要来挑战这些人。’”

第二天，菲奥娜又来到这里，赢了三局比赛，也赢得了在最后一天跟水平最高的棋手对弈的机会。最后一天，虽然两局比赛她都没赢，但再也没有两天前惶惶不安的感觉了。比赛结束，卡滕德递给菲奥娜一个信封，里边装着一万五千先令，因为她赢得了“女子冠军”。菲奥娜不敢相信下象棋居然能挣到这么多钱。她把钱拿回家交给了母亲。

“这次锦标赛真正激励我的是他们给我的那份奖金，”菲奥娜说，“虽说给我奖金不是因为我赢得了比赛，而是因为我是唯一一个参加锦标赛的女孩子，可这已经大大地激励我继续好好下棋了。”

二〇〇七年一月，离菲奥娜第一次参加项目间锦标赛刚刚五个月，她被选中参加在卢戈戈体育中心举行的乌干达二十岁以下全国冠军赛。这次比赛组织得非常专业，用了真正的棋盘和棋子，还会用到计时钟控制走棋时间。参加比赛的选手一共七十人，卡滕德的象棋项目里来了二十个选手，菲奥娜是其中之一。那时，菲奥娜十一岁，而她的对手大部分都是十八九岁。

菲奥娜下棋时，卡滕德一局都没有看。参加比赛的有二十名选手，他最操心的还是伊凡、本杰明、理查德和杰拉尔德这四个最有可能获胜的孩子。不过，菲奥娜引起了乌干达象棋联合会的秘书长戈弗雷·加利的关注。刚开始，加利看到又瘦又小的菲奥娜顶着一头乱糟糟的头发，身上穿着破破烂烂的裙子，脚上趿拉着人字拖，跟坐在她对面一个穿着考究、体形是她两倍大的大学生对弈，觉得挺有意思。看样子，这局比赛实力悬殊，可是越看，这小女孩的棋艺越使他着迷。“我记得这局比赛快结束的时候，菲奥娜马上就要走进一个雷区，”加利说，“要想成功脱身，她必须要把马走到一个特定的位置才行，结果她就是这样走的。看到这儿，我才真的对她好奇起来。下一次她的象必须要走到一个特定位置才安全，我想着她肯定不知道该走这一着，事实证明我错了。她连着走了四步棋，每一步走错都会是‘一子落错满盘皆输’的局面，然而她却一点点地逆转，最后赢了这局比赛。当时我就看出这个小姑娘有当冠军的潜质。”

这次比赛采取的是男女混合的循环赛制，不到比赛结束，很难知道选手的整体排名。最终结果以表格的形式排列了出来，菲奥娜知道自己表现得还不错，可她从没想过自己能拿冠军，所以紧张不安地听着主办方宣布排名最靠前的女子选手名单。冠军的名字最后宣布。就在那一刻，菲奥娜终于听到了自己的名字。她是女子冠军。

“这个结果让我大吃一惊，”卡滕德说，“当时菲奥娜刚刚学了一年国际象棋，居然就能打败这么多家境良好的女孩子成为女子冠军，真是不可思议。那是我第一次意识到菲奥娜很可能拥有常人所不具备的能力。”

菲奥娜赢得了一个冠军奖杯，奖杯巨大，差不多跟她一般高。以前，跟其他对手比赛时，她从来没有得过奖杯，也从来没有真正赢过。

“那天我真的真的太开心了，”菲奥娜说，“记得赛完回家时，我感觉自己已经不是以前的菲奥娜了，我成了一个全新的自己。”

二〇〇五年，卡滕德和戈弗雷·加利一道观看了在坎帕拉举行的一场锦标赛。看到一个名叫克里斯蒂娜·纳马甘达的女孩子夺冠，卡滕德难以置信地摇了摇头。当时的克里斯蒂娜在坎帕拉大大小小各个锦标赛上所向披靡，囊括了所有女子冠军，可是在卡滕德看来，克里斯蒂娜的棋艺并没有什么特别之处。他转头对加利说：“给我三年时间，我就能培养出一个真正的女子冠军。”

说这话的时候，卡滕德心里的人选是法丽达·南库布戈。可是没过多久，法丽达的父母发现他们的穆斯林女儿居然跟着一个基督教组织学棋，就逼她退出了象棋项目，在本该进行象棋训练的时候到大街上卖甘蔗。

卡滕德因此把全部注意力转移到了菲奥娜身上。有点出乎他意料的是，自己居然只用了两年时间就培养出了一个冠军。

菲奥娜赢得二〇〇七年全国青少年锦标赛冠军之后，卡滕德对提升她的棋艺有了更浓厚的兴趣。他欣赏她的勇气，钦佩她的决心，更佩服她的毅力。刚开始学棋时，她每天徒步五公里来走廊参加训练，后来，她家搬到了更远的地方，她仍旧每天徒步来到走廊参加训练。她身上展现出来的这些特质，在项目里任何女孩子身上都是看不到的。从各方面来看，菲奥娜都跟个男孩子一样，可正因为她不是男孩，她在国际象棋中取得成就的机会之大，令人难以置信。

菲奥娜从来没有学过任何一本象棋教程，从来没有翻过一本国际象棋杂志，从来没有摸过电脑。可是，这个女孩已经是国家冠军。

卡滕德告诉菲奥娜她将来会成为象棋的代名词。他给她讲庸医和打针的故事。他问她："如果连你都不相信自己的能力，那又怎么能指望别人信任你？"他跟她讲自己学国际象棋的经历，故意跟她说只有特别聪明的人才能不断精进棋艺，来激起她的斗志。他还告诉她精通国际象棋的人都是大师，可是就连大师们都不敢说自己完全精通这项运动。听了这些话，她没有知难而退，而是张开双臂拥抱挑战。卡推的磨炼教会她不多说话，所以每一次上完课，菲奥娜都态度谦恭，虚心求教，一点一点地汲取着所学到的全部知识。

"刚见到她时，菲奥娜表现得特别不自信，"卡滕德说，"她畏畏缩缩，犹豫不决。她没有人可以信任，也没有人可以倾诉，更没有人愿意在她身上花时间，花精力。过去的生活在她身上有着根深蒂固的影响，所以她总觉得自己一事无成。我跟她说：‘干吗一直低着头？抬起头来，跟人说话的时候看着对方的脸。做你自己。不要那么拘谨。没人会惩罚你。更没人会打你。’我花了好几年时间才让她慢慢敞开心扉，真的太难了。”

第一次见到卡滕德跟布莱恩和其他孩子一起在垃圾场踢足球时，菲奥娜就觉得这个人值得信任。卡滕德和菲奥娜都是贫民窟的孩子，成长的道路上都缺失父爱，终日饥肠辘辘，常年过着颠沛流离、居无定所的生活。卡滕德能从菲奥娜身上看到自己过去的影子，他也希望菲奥娜能从他身上看到她的未来。

“我了解她这些年的日子是怎么熬过来的，因为我自己就是这么过来的，”卡滕德说，“一有空我就跟她讲我的过去。我跟她说我给别人洗过车，她不相信。我跟她说我当时每天要步行十公里路去上学，她也不相信。我拿我自己的生活经历告诉她，她以后也可以活得很好。”

跟菲奥娜一起下棋时，卡滕德会利用各种机会问她一些很有挑战性的问题，跟她探讨如何在这个世界上立足。

“你对现在过的生活满意吗？”有一次他问道。

“不满意。”菲奥娜回答。

“那假设你是你的母亲，你对她现在过的生活满意吗？”

“不满意。”菲奥娜回答。

“想不想做些改变？”

“想。”菲奥娜回答。

“那要怎么做才能改变现状？”

他告诉她要遵守规矩；要形成良好教养；机遇来临时，要学会果断把握；更要把过去的苦难当成勇往直前的动力。

“我跟她说，我能过上现在的生活，是因为我认清了过去自己所处的现实，”卡滕德说，“身处逆境的我，如果不够努力，不够拼搏，就不会有现在的我。”

他们经常在一起下棋，菲奥娜和卡滕德。训练的人都走光了，他俩还在下。卡滕德回家的时间早都过了，他俩仍旧在下。

下棋的时候，卡滕德会指点菲奥娜如何走子。有一次，他故意让菲奥娜走非常不高明的一着，菲奥娜正准备按照他说的落子，却突然犹豫了起来。

“我让你走这一着，你居然拒绝？”卡滕德说，“为什么不听话？”

“教练，我觉得这一着走得不对，”菲奥娜说，“要是按你说的走，我的棋子就会被吃掉了。”

“那你以前有没有遇到过别人让你干什么你就干什么，就算是错的你也不假思索地去做的情况？”卡滕德问她，“做任何决定之前，都要细细斟酌，想一想，‘做这件事会有什么影响？会有什么后果？’”

刚开始跟菲奥娜下棋的时候，卡滕德是她的老师。下棋之前，他会把己方的棋子去掉几个，有时拿掉后，有时拿掉象，有时拿掉几个兵。慢慢地，他得用上全部的棋子才能打败她。再后来，菲奥娜开始打败卡滕德。“最初训练她的时候，我有时会给她机会让她吃掉我的子，看她是不是知道该走那一步。”卡滕德说，“她能充分利用这样的优势吗？所以我总是用一些险着来试探她，她居然都能看出来。记得有一回，我故意用我的后来引诱她，看她能不能看出来这是个圈套。没过多久，我就知道她能看出我的所有花招。”

跟象棋项目里的其他男孩子一起的时候，菲奥娜还是一如既往的腼腆，可是她下棋时却越来越自在，有时居然还会开教练的玩笑。她会说：“教练，我知道你的诡计是什么，可是呢，不好意思，我可不能让你这么干。”

菲奥娜对象棋的理解越来越深，越来越透。对她来说，象棋教会她如何应对一连串的打击；象棋教会她如何在一团乱麻中理清思路；象棋教会她如何在危险到来之前未雨绸缪，化无序为有序。现在的菲奥娜，从头学起，把锦标赛上的每一步棋都写了下来，赛后跟卡滕德一起一遍一遍细细钻研。她知道，对她来说，想要提高棋艺，最好的方法就是不断练习。所以，她整天不知疲倦，埋头苦练。被问及加入象棋项目以来一共下了多少盘棋时，菲奥娜的回答是，数字大到她无法想象。

“我相信菲奥娜之所以这么成功，是因为她虚心好学。”卡滕德说，“她欣赏所有比她棋艺高超的人，也总是自问：‘什么时候我才能达到这个水平呢？’我会告诉她，天天光想着跟别人一样是没用的，你得行动起来。实力不是睡一觉就能凭空长出来的。”

卡滕德告诉菲奥娜，要先学会透彻理解国际象棋，才能懂得如何欣赏国际象棋，最后才会发自肺腑地爱上国际象棋。“下棋使我思维敏捷，这也是我特别喜欢下棋的原因。”菲奥娜说，“学下棋之前，我从来不动脑子。学会下棋之后，我就特别喜欢接受挑战的感觉，坐在棋盘前面是我最自在的时候。就算输了，我也不想离开。不管什么时候，只要开始下棋，做我最擅长的事，那就是我最幸福的时候。”

从前有一群狗天天聚在一起，其中有一只跑得特别快，比其他狗跑得都快。这群狗经常会去追一群猫，追上的话就把猫吃掉。可是，猫群里有一只猫也跑得飞快，这群狗怎么追都追不上它。有一天，因为跑得最快的那只狗太爱炫耀自己的速度，其他狗就决定挑战它一下。

“嘿，有只猫跑得跟飞毛腿似的，你觉得你能抓住它吗？”

“你们以前已经挑战过我那么多次了，哪一次我没把猫抓住？”跑得最快的狗说，“这只猫嘛，就是我今天的美餐啦！”

不一会儿，那只猫就从附近走过。“嘿，猫先生来啦，”有一只狗说，“就是跑最快的那只。”

跑得最快的狗开始去追跑得最快的猫，一追就没了影。过了好久，跑得最快的狗终于回来了，可是却没有猫的影子。于是其他狗都问它：“怎么回事啊？发生什么事了？”

“对我来说呢，我追的是一顿饭，追不上的话我可以去其他地方再找。可是那只猫拼的可是它的命！”

卡滕德讲这个故事的时候，立场非常鲜明。对他来说，故事里的猫虽然不是英雄，但胜似英雄，说起那只猫，语气中就充满了敬佩。“那只猫没有其他选择，为了逃命，它不得不拼尽全力地奔跑，”卡滕德说，“在菲奥娜眼中，象棋给她的是同样的感觉。我认为菲奥娜把象棋当成了她的唯一出路，所以才能把潜能发挥到极致。”

菲奥娜的棋艺还不成熟，下棋全凭直觉，棋艺精湛、经验丰富的棋手惯用的开局、中局和残局的理论她一概不懂。她之所以成功，一部分靠的是宝贵的天赋，能够帮她提前预测棋局走势，还有一部分靠的是她对象棋的专注程度无人能及，好像她把一生的幸福都押在了小小棋盘上。对她来说，可能事实也正是如此。

坐在棋盘前的菲奥娜骁勇善战，跟过去面对欺负她的邻家男孩时的反应一样，也和第一次到象棋项目时，应对大家嘲笑时的态度一样。多年的卡推生活教会了她在面对困难时要迎难而上，要主动出击。

“她下棋的方式就是我通常说的‘速战速决’的方式，”戈弗雷·加利说，“菲奥娜的战略和战术攻击性都特别强。她会把你包围，一直到你无路可逃，再跟条大蟒蛇一样，把你缠得紧紧的，直到你窒息而亡。一个女孩子有这么强的攻击性可真是难得一见。”

即便如此，菲奥娜的锐气有时候也会让她吃不少苦头。“要说她有什么缺点的话，那就是她求胜心切，不管准备是否充分，就心急火燎地吃对方的子。”乌干达前国家队教练齐伦布奇博士说，“在象棋比赛中，你要是想造反，结果以失败告终，那你就死定了。”

后来，跟本杰明和伊凡切磋棋艺的时候，他们告诉她，进攻的同时，一定不要忘了防守。于是，每下一盘，菲奥娜的计划就会改进一点，重塑一点，久而久之，充满戾气的攻击性策略逐渐磨炼得更加周全。

“刚开始下棋的时候，她的攻击性特别强，因为她根本不知道怎么下才比较明智，”本杰明说，“所以我们试着教她尽量改正之前的错误。

现在她的攻击性没那么强了，战略性倒是不断提升。我要是跟她下棋，得全力以赴、稳扎稳打地走好每一步才行，否则她肯定直接把我灭了。”

虽然菲奥娜的策略是尽快把对手逼到防守的位置上去，可是久而久之，她又开始摸索，假如攻击没有奏效，自己应该如何扭转局势，掌控整盘棋局。“我觉得她一直都没有放弃主动出击，可是看到出击可能会给自己带来潜在的危险，所以她就提前想好解决方案，”卡滕德说，“等到真正攻击的时候，她基本上已经把所有的方案都想好了。如果对手这样回应，她会这样应对。如果对手那样回应，她会那样应对。你从她脸上看不出深思熟虑的痕迹，她看起来总是漫不经心，可是，千万不要以为她只是随便乱走，说不定哪一步她就会打你个措手不及。”

伊凡觉得菲奥娜最大的优势就是耐心。“有时候我们能连着下好几个小时，大部分女孩子三十分钟不到就没耐性了，”伊凡说，“她们的借口多了去了。唯独菲奥娜，从来都是兴致高昂，从来不会找借口离去。她是真正地投入进去了，而且从来不知疲倦。其他女孩都做不到。”

“培训棋手的过程中我们发现，大部分孩子下棋时最大的缺陷都是走棋太快，”加利说，“他们做不到慢慢来，也做不到全盘考虑每一步棋。可是菲奥娜下棋的时候就特别从容。经常看到她的对手把一些比较重要的棋子送到她跟前让她吃，比如说后，对于那些根本不会认真思考的冲动型棋手来说，肯定直接就吃了，那你就输了。菲奥娜会充分考虑每一种可能性，然后走出最妙的一着。有时候真的想不通，以她的年龄怎么能走出这么成熟的一着。”

“我认为她现在已经发展成了一个战略型棋手，而不再只是一个战术型棋手，”齐伦布奇博士说，“战略型棋手走得更远，因为他们运用到的是下棋的基本原理，没有什么能难倒他们，他们也不容易被打得措手不及；而战术型棋手靠的基本就是自己学会的各种锦囊妙计。她下棋的方式可圈可点，以后一定大有作为。”

菲奥娜的象棋生涯还处在非常初级的阶段，所以，在乌干达最知名的象棋专家齐伦布奇博士和约阿希姆·奥科斯眼中，菲奥娜的潜力大得惊人。他们说，大部分棋手都是通过学习象棋理论才学会下棋，没有人像菲奥娜那样充分倚赖本能下棋。他们特别好奇，要是菲奥娜学会解读和应用象棋理论，她的棋艺能精进到什么程度。毕竟，对精英棋手来说，理论知识是他们的重要指导。

“如果有谁像菲奥娜一样热爱象棋，如果有谁在菲奥娜这个年纪已经拿到锦标赛冠军，那么就可以说，这个女孩比我见过的任何一个女孩的前途都要光明，”齐伦布奇博士说，“菲奥娜要是输了比赛，会非常难过，这样很好，能激励她不断渴求提升棋艺。”

二〇〇八年，菲奥娜又一次赢得国家青少年锦标赛女子冠军。二〇〇九年，再一次赢得冠军。随后，在卡滕德举办的二〇〇九年项目间锦标赛上，菲奥娜打败了青少年锦标赛男子冠军塞缪尔·马扬加。塞缪尔因为输了比赛哭了起来，其他女孩子开始满屋子大叫：“菲奥娜现在是青少年男女冠军啦！”

第一次打败约瑟夫·阿萨巴的时候，阿萨巴哭了，菲奥娜没有庆祝自己的胜利。这一次，菲奥娜也没有庆祝自己的胜利。虽然她在象棋上的天赋高到让人难以置信，也让人觉得莫名其妙，可是，跟大多数乌干达人一样，菲奥娜不习惯在外人面前流露真情。要是问她问题，她总是想耸一耸肩就对付过去；要是必须回答，她就会表现得特别谦恭。她知道，象棋让她在贫民窟脱颖而出，可是，这也让她成了潜在的目标，所以，她已经习惯了尽可能少说话或者不说话。

“我对如何度过自己的人生其实特别谨慎，”菲奥娜说，“象棋只是一项游戏。我很清楚，要是我表现不得体的话，要是我太过骄傲的话，就不会有人喜欢我了。生活不是游戏。生活中我必须要尽可能保持低调，这样大家才不会讨厌我。”

对菲奥娜来说，这是个两难的抉择。现在的她既想大放异彩，又想低到尘埃。她进退维谷。

“她的性格和外部世界仍然格格不入，因为出身所限，她总觉得低人一等。”卡滕德说，“可是我总是会告诉她，任何人都能拿起棋盘上的棋子，因为棋子重量轻微，可是把你跟其他人区别开的是你落棋的位置。国际象棋是菲奥娜的生命中唯一能掌控的东西，也是唯一能让她大放异彩的东西。”

二〇〇八年，哈丽特第一次接收到了预言。菲奥娜取得资格，即将参加在南非举行的非洲青少年国际象棋冠军赛，一周之后就要出发。一天晚上，哈丽特做了一个梦。梦中，她看到一个黑漆漆脏兮兮的小孩子坐在她膝头，屁股下面是菲奥娜的护照申请表。那个小孩子对哈丽特说：你的女儿去不了。

随后几天，虽然卡滕德不懈努力，想要加快那些繁杂的手续，可是等到菲奥娜的护照办下来，已经太迟了。菲奥娜没有去成。

二〇〇九年初夏，哈丽特又接收到了类似的预言，不过时间不太确定。之前她没听说菲奥娜要去什么地方，也没想着菲奥娜会离开乌干达。所以突然间，她看到自己又做了同样的梦，同样的小孩坐在她膝头，膝上放着几张纸。这次，小孩子说了不一样的话。

你的女儿要走了。

# 第八章

# 天堂

她不知道世界是圆的，还是方的。她对世界一无所知。外面的世界。卡推之外的世界。站在贫民窟，放眼四周，混乱绵绵延延，目之所及破屋遍地，似乎没什么能打断这无穷无尽的破败。不管你在贫民窟找什么，都是“就在那儿”。卡推之外的世界，难以想象。

虽说从卡推任何一个地方都能看到坎帕拉市中心的高楼大厦，可是在十二岁之前的菲奥娜看来，全世界的人大概都过着和她一样的生活——生活的目标就是想尽办法每天能弄到一顿饭吃，唯一的念想就是每晚能活着回家，第二天继续挣扎。

所以，听到教练跟她说，因为她在二〇〇九年国家青少年锦标赛上表现优异，夏末要让她去苏丹参加非洲首届国际儿童象棋锦标赛，菲奥娜还以为卡滕德是开玩笑呢。苏丹？苏丹是什么？她只知道，苏丹绝对不是“就在那儿”。

“我跟菲奥娜提到苏丹的时候，她看我的眼神就好像她知道我在开玩笑一样，”卡滕德说，“她觉得，自己又不是什么大人物，出国的事怎么可能会轮到她？简直不可思议。能出国的人肯定条件都比她好很多。她跟我说：‘就我这样，怎么可能去别的国家呢？绝对不可能。我肯定去不了。你别骗我了。'”

“罗伯特教练跟我说我要去苏丹的时候，我就想，‘我算老几，怎么可能坐飞机？'”菲奥娜说，“我从来没想到自己真的会出国。当然，我还是跟平时一样，坚持训练，可是训练归训练，我可没指望着要去哪儿。”

为普及国际象棋在东非和中非国家儿童间的发展，同时作为推动世界和平进程的一部分，国际棋联和联合国安理会联合主办了国际儿童象棋锦标赛，只限十六岁及以下选手参赛。锦标赛于二〇〇九年八月举行，苏丹国内一家石油公司同意负担每个参赛国两男一女共三名选手的参赛费用。代表乌干达参赛的三名选手全部来自贫民窟卡推，来自卡滕德那小小的象棋项目。伊凡和本杰明会与菲奥娜一起到苏丹，决战锦标赛。本来还有几个选手也有资格参赛，可他们一听说得跟这些贫民窟的孩子一起去比赛，全都毫不犹豫地拒绝参加。

二〇〇九年夏天，菲奥娜看伊凡和本杰明每天进行高强度的训练，还以为又有什么比赛快要开始了呢。去苏丹的前一天，菲奥娜按照卡滕德的吩咐，把所有衣服都装进了她那个小小的帆布背包，做好了到附近什么地方参加比赛的准备。那天晚上，哈丽特带着理查德在市场上过夜，好第二天一大早倒点菜去卖，所以，家里只有布莱恩和菲奥娜。

屋外还一片漆黑，布莱恩就把菲奥娜叫醒让她起床，可是菲奥娜说现在出发还太早，翻身就又睡了过去。布莱恩兴奋地翻来覆去，过了好久才睡着。等到再次醒来，天已破晓，屋外呼唤穆斯林做晨礼的唱经声响彻城市上空。听到这声音，布莱恩就知道他们已经迟到了。他赶快催菲奥娜穿衣服，顾不上洗漱就抓着菲奥娜的背包，催着她出了门。布莱恩在前边一路小跑，菲奥娜却跟平时一样不紧不慢地走着，急得布莱恩不时地跑回去，拉着妹妹的手着急忙慌地往前跑。布莱恩不停地跟妹妹说她要迟到了，可是菲奥娜觉得，以前参加比赛的时候，从来没这么早出门，所以，干吗着急呢？等他们赶到走廊，离既定发车时间已经晚了三十分钟。两人赶快上了等候的中巴，还在不停地吵着嘴。一个说要是菲奥娜赶不上飞机，那也是因为她自己不上心造成的；而另一个呢，到现在还不相信自己会坐飞机到别处去。

等上了车，看到象棋项目里其他孩子们都来送行，她才意识到这次旅途可能真的与平时不同。接着她又看到伊凡的妈妈也来了。过去两家在卡推做邻居的时候，纳基瓦拉曾经照顾过菲奥娜和布莱恩他们。“你要去恩德培机场啦。”纳基瓦拉跟菲奥娜说，“你要去坐飞机啦。你要吃好吃的啦。你肯定能赢。我们都会为你祷告。”

伊凡和本杰明的大部分亲戚朋友拒绝来送行，对他们来说，机场是个全然陌生的地方，他们害怕到机场后会发生可怕的事。

菲奥娜凝视窗外，看着中巴车驶出贫民窟，开上恩德培路。她知道这条路。每次去基布耶市场都要步行穿过这条尘土飞扬、交通混乱的马路，而今天是她第一次坐在车里经过。有一次她听人说这条路通往机场，可她从没去过机场，也没见过飞机，只有一次看到一架飞机在天上一掠而过。

一群人到机场后先跟戈弗雷·加利会合，然后由加利带着三个孩子去参加比赛。加利看着菲奥娜在机场里这儿走走，那儿看看，似乎机场的一切都让她新奇不已。

“这种感觉就好像一个人一下子从十九世纪穿越到了现在，”加利说，“机场里的每一件东西对她来说都是新奇的，监控摄像机，行李传送带，还有那么多白人。”

过了安检之后，菲奥娜透过窗户回头看向为她送行的人群。她朝布莱恩挥挥手，也朝她的第一个象棋导师——八岁大的格洛丽亚挥挥手。看到布莱恩和格洛丽亚都哭了起来，她才意识到，自己可能真的要去这个名叫苏丹的国家了。

“卡推的人都不相信这几个孩子要出国，”卡滕德说，“所以，唯一让他们相信的方式就是带一些人跟这几个孩子一起去机场亲眼看看。可就算这些人从机场都回来了，其他人还是觉得我们在骗他们。为了让他们眼见为实，我专门要求司机，一定等到大家都看到飞机起飞之后再离开机场。”

飞机一离开地面，三个孩子全都开始头晕，心慌，菲奥娜吓得还差点吐出来。等飞机飞到云层之上，菲奥娜看着窗外问道：“加利先生，我们是要到天堂了吗？”

“不是，”加利说，“天堂比这里更高。”

空乘在分发三明治，三个孩子都不知道三明治是什么，他们等着加利先吃，就好像他是食物品尝员一样。等到加利吃完，他们还是没敢吃自己的那一份。

“坐在飞机上我一直咧着嘴笑，因为直到现在我还不敢相信，自己居然真的要飞往另一个国家，”菲奥娜说，“感觉好像我要飞往另一个世界一样。”

九十分钟的飞行之后，他们来到苏丹的首都朱巴。三个孩子已经完全抛开了之前的恐惧和担忧，开始享受整个旅程。酒店房间里的一切都让她大开眼界。床，跟以前见过的不同，更不可思议的是，这张床居然是专门为她准备的。只睡她一个人。以前，她还从来没有这么奢侈地一个人睡过一张床。第一次见到固定在墙上的电视屏幕，遥控器好像有魔法。第一次待在空调房里。第一次见到抽水马桶，她兴奋地冲了一次又一次，看着水流旋转出现，消失，再旋转出现，又消失，多么神奇。“我做梦也想不到会来到这样的地方，”菲奥娜说，“我感觉自己好像女王。”

菲奥娜的同屋是个来自肯尼亚的女孩，隔壁住着本杰明和伊凡。菲奥娜的英语达不到与人对话的程度，所以没办法跟同屋的女孩交流。紧张和焦虑再一次包裹了身处陌生环境的三个孩子。“要是有谁紧张，大家就会互相安慰，互相鼓励，”伊凡说，“我们会说：‘这就是我们要待的地方，感觉真好。这里就是我们要住的地方。’大家就这样不停安抚对方，也安抚自己。”

到酒店餐厅吃午饭时，服务员给他们一人一份菜单，加利让他们想吃什么就点什么。菲奥娜还不明白，自己刚刚拥有了吃饭的选择权，这在她是前所未有的。孩子们用手指着菜单上自己认识的东西，鸡、鱼、猪肉。他们都想吃，他们都想点。加利告诉他们，自己点的东西必须要保证能吃完。于是，轮到菲奥娜点单时，菲奥娜说：“我想要一条大大的鱼。”

大鱼放在盘子里，把盘子盖得满满当当，菲奥娜怎么吃也吃不完，可是伊凡跟她说必须要吃完。没办法，她把剩下的分给伊凡吃，还是吃不完。对于早已习惯了每天只能吃一点东西果腹的孩子们来说，这里的饭分量实在是太大了。

吃完饭，菲奥娜说："加利先生，我一定尽全力好好下象棋，争取以后还能来这样的地方。"

离开坎帕拉去苏丹的前一天，孩子们都在训练，本杰明来到卡滕德跟前，神情焦虑。"教练，我很害怕，"本杰明说，"我们仨连机场都没有去过，怎么可能赢得比赛呢？要是我们输了怎么办？"

听了他的担忧，卡滕德把本杰明、伊凡和菲奥娜都叫到他身旁，给他们讲了《圣经》里沙得拉、米煞和亚伯尼歌的故事。

> 沙得拉、米煞和亚伯尼歌这三个人拒绝崇拜偶像，所以尼布甲尼撒国王就颁布了一道法令，规定所有人都要崇拜国王，还得听国王的话，国王让他们崇拜什么他们就得崇拜什么。可是这三个人信奉上帝，所以他们下定决心绝对不会崇拜任何偶像。看他们坚决不服从，国王说如果你们不崇拜偶像，那我就要把你们丢进火窑里焚烧。国王命人把火烧旺，可是他们三个说，我们一定要相信我们的神，我们侍奉的神一定会把我们从烈火的窑里救出来，就算神没有救我们，我们也绝不崇拜任何偶像。尼布甲尼撒国王变了脸色，命人把窑烧热，比平常更热七倍，再把这三个人扔进了火中。奇怪的是，这三个人身上一点火烧的痕迹都没有。国王朝火窑里看去，里边居然有第四个人，看起来像神。这第四

个人不是上帝就是天使。被扔到火里真的很恐怖，可是这三个人相信上帝，他们相信不管发生什么事情，上帝都会把他们救出来。要是你们特别害怕，那么我的问题是:“你们信奉谁呢？”当然是上帝。所以，就算比赛输了，你们也虽败犹荣，我们也会以你们为傲。

卡滕德没有跟孩子们说自己对他们的期许，因为对他来说，这次比赛的结果根本就不重要。

“卡推的孩子们能坐上飞机飞往别的国家参加比赛，就已经是我追求的终极胜利了，”卡滕德说，“我根本没指望他们在苏丹能表现得有多么好，只要能到那里感受一下比赛的气氛就很不错了。”

“刚开始我也没指望他们能拿什么奖，”加利说，“只要知道他们不会轻言放弃，也不会轻易被打败就行了。参加比赛的代表队有的实力非常雄厚，多次参加过各类国际锦标赛。我们的选手一次都没参加过。我会鼓励他们，就算输了也不要灰心。我已经准备好面对最坏的情况了。”

乌干达三小将在这次锦标赛上年龄最小，和他们对阵的是来自非洲其他十六个国家的选手们。宣布过分组之后，菲奥娜得知她的开局对手是来自肯尼亚的阿西玛。她听到锦标赛的负责人盛赞阿西玛，说她不但是全非洲最有实力的青少年女子棋手，很明显也是这次锦标赛水平最高的女子棋手。直到那时，菲奥娜还不知道阿西玛就是她的室友。“我当时特别紧张，”菲奥娜说，“因为我听到人们都在说一个肯尼亚女孩下棋下得特别好，越听人说我就越害怕，吓得都有点不敢去跟她比赛了。”

乌干达三人组策划了一个方案，打算在比赛正式开始前一天，跟肯尼亚的团队先来个友谊赛，观察一下他们的水平。菲奥娜跟肯尼亚队排名第一的男生对阵，本杰明跟排名第二的男生对阵，伊凡跟阿西玛对阵。“我打败了他们水平最高的男孩，可后来一想，也不知道他是不是故意跟我耍花招，”菲奥娜说，“我担心他只是想看看我下棋的手法，所以他根本就没好好下。于是，我又跟他下了一局，这局还是我赢。”

友谊赛结束之后，乌干达三人组凑在一起，开始讨论比赛得失。菲奥娜紧张地问伊凡：“那个女孩水平怎么样？”

伊凡说，他们下了几局，每一局都是他赢。接着，伊凡跟菲奥娜说：“你会打败那个女孩的。”

“可是伊凡，”菲奥娜说，“你赢她不代表我也能赢她啊。”

“相信我，你会打败她的。”伊凡说，“我了解你下棋的着数，跟这个女孩下过几局之后，我可以肯定你会打败她。”

菲奥娜和本杰明接下来也说了自己的战况，他们在友谊赛中都打败了对手。“我突然意识到，要是他们没有耍我们的话，那说明我们真的有可能打败这些选手。”本杰明说，“我们就这样互相鼓励。”

第二天，比赛正式开始。所有的紧张情绪又回到菲奥娜身上。拿着棋子的手不停颤抖，身子不停发抖，就连藏在桌子下边的腿都抖得厉害。阿西玛开局训练有素，菲奥娜正相反，不懂什么开局套路的她，只是按照她自己的防御计划一步步朝前走。中局时，菲奥娜有条不紊地部署，慢慢占据了局面优势，同时也意识到自己已经反防御为进攻，把对手逼得越来越紧。重压之下，阿西玛开始犯错误。“我当时想：‘她这么走是故意耍的花招还是真的犯了个错误？'”菲奥娜说，“然后我发现她是真的失误，于是我继续牵制她，把她无力防守的棋子一个一个全部吃掉。”

漫长的一局之后，菲奥娜吃掉了阿西玛全部的棋子，只剩王还留在棋盘上。接着，菲奥娜用一个车和几个兵把阿西玛的王困在角落，最终，阿西玛被将死。

“打败这个女孩让我勇气倍增，每个人都夸我，这也让我感觉特别好，”菲奥娜说，“现在我开始相信自己能打败其他人。”

接下来的一局，菲奥娜的对手是肯尼亚排名第一的男孩。热身赛时她打败了他，现在她又打败了他。“这个男孩一看菲奥娜打败了他，差点没哭出来，”加利说，“看他一脸震惊的样子，好像根本不敢相信眼前的一切。”

“再往后的比赛越来越难，因为其他队的教练会跟自己的队员分析我们几个人的战术，再制定专门的战术对付我们，保证他们要么打败我们，要么和棋，”本杰明说，“不过我们三个一直互相打气：‘我们能成功。我们一定能胜利。’”

本杰明记得，有一局比赛他的对手实力非常强劲，整个棋局走向对他特别不利。站在旁边观赛的加利跟身边的人说了句话，正好被本杰明听见。加利说：“看来乌干达选手要丢掉这一局了。”

“可是，我突然走了非常妙的一着，为什么走这一着，我自己都不知道。我这一着挡住了他的象，他就没办法阻止我的兵长驱直入，莫名其妙地，我就赢了这局。”本杰明说，“我也不知道哪儿来的灵感走了这么棒的一着，不过呢，肯定有圣灵在帮我，因为后来那几步棋我感觉自己都不受控制了。”

“一般来说，三次对决之后，参加锦标赛的选手们就会讨论哪些棋手实力最强，如果他们跟棋艺高超的选手对阵，气势上就先矮一些。”加利说，“看到其他选手跟我们的选手对阵时心慌意乱的样子，我第一次意识到我们有获胜的希望。这三个孩子真的技高一筹。”

对这三个孩子来说，他们根本没想过能在锦标赛上拿冠军，从来没有动过这个念头。他们只是不停地下，下了一局又一局。菲奥娜一共下了八局，八局完胜。本杰明和伊凡也是一直处于不败之地。

最后一场比赛结束后，他们回到了房间。过了一会儿，加利去了伊凡和本杰明的房间，告诉他们乌干达队刚被宣布为本次锦标赛的冠军。听到伊凡和本杰明兴奋地大叫大嚷，菲奥娜赶快也跑了过去。三个孩子就这样激动地在床上又蹦又跳，开心地又笑又叫。

闭幕式上，主办方给乌干达选手每人颁发了一枚金牌和一张证书，还颁给他们一个冠军奖杯。“获胜的感觉真是美妙，”伊凡说，“刚开始我们都不敢相信，这个结果太出乎我们的意料。不过很快大家就恢复了正常，毕竟在乌干达我们都当过冠军。菲奥娜还提起了她母亲和哥哥，想着他们要是知道这个消息得多么开心。”

锦标赛的结果让一个俄罗斯的棋联官员特别震惊，他走到菲奥娜跟前，对她说：“我有个儿子是国际大师，可是他在你这个年纪时，下棋水平可比你差远了。”

与此同时，其他队的教练也找到加利，问他：“你是怎么训练这些孩子的？”

“当时我就想，”加利轻声笑着说，“要是他们知道这些孩子是从哪儿来的就更好了。”

闭幕式结束后，伊凡问加利：“现在我们赢了这个比赛，接下来该干什么呢？我们还要去别的国家参加比赛吗？”这些孩子都渴望着能继续参加比赛，渴望能再去别的国家。可是，加利跟他们说，该回家了。伊凡把酒店房间里的香皂、洗发水和一支铅笔都装进了背包，准备带回家送给母亲。

比赛期间，加利一直给卡滕德发消息，随时告诉他比赛情况。孩子们的进步让卡滕德既惊又喜。有一天，他又收到了加利的消息：罗伯特，告诉你一个让人震惊的消息，这几个孩子拿到了金牌。他们是本次锦标赛的冠军。

“一听到孩子们夺冠，我就赶快跑到超越体育基金会的办公室，想告诉他们这个好消息，可是他们居然不相信我。”卡滕德说，“他们以为我在骗他们，怀疑这个消息是假的。不过也怪不得他们，确实太令人难以置信了。跟卡推的人们说起这个好消息，很多人也说我在撒谎，说这根本不可能，因为他们太了解这些孩子了。大家都一遍遍地问我：‘怎么可能呢？他们怎么会赢呢？’”

卡滕德开始思考，这个出人意料的胜利将会对整个象棋项目未来的发展产生什么样的影响。“我特别兴奋，因为我知道这几个孩子的成功将会在参加象棋项目的孩子们中间产生极大反响，燃起他们的希望，激发他们的斗志。”卡滕德说，“生活在贫民窟的人都觉得他们注定一事无成，可是，如果身边真的有人成功了，那么其他人就会开始效仿这些成功的人。接下来做的每件事，我都会以此为基础来进行。”

比赛结束的第二天下午，乌干达代表团回到坎帕拉，卡滕德到机场迎接他们。三个孩子满面笑容，奖杯抱在怀里，因为他们三个的背包都太小，装不下这个巨大的奖杯。卡滕德准备恭喜菲奥娜，可是她正忙着大笑，忙着跟队友开玩笑，根本顾不上理他，她神采飞扬的样子卡滕德以前从未见过。就在此刻，卡滕德意识到，现在的菲奥娜才是她这个年龄的孩子该有的样子。

要是故事就这样完美结束就好了。两个贫民窟的孩子，一个教练，一个学生，都曾面对死亡，却联合在一起创造了奇迹，赢得了几乎不可能赢得的冠军。可是，在卡推，完美的故事不可能发生，就好像这里的天空不可能飘雪一样。

“我现在还记得回到乌干达机场那天的情形。飞机上有空调，所以我们很凉快，可是一出机场，大太阳差点把我烤焦，”本杰明说，“我跟伊凡说：‘我们还回机场好吗？’”

“我也特别难受，”伊凡说，“一想到我们要回去的地方，我就知道我们的生活又要被打回原形。过去几天的经历是如此美妙，但是，我们不得不回到卡推。没有别的选择。卡推是我们的家，我们必须要忍受这一切。”

“回家的感觉好像要回到监狱一样。”菲奥娜说。

菲奥娜、本杰明和伊凡坐车回卡推参加庆祝仪式的路上，三个人的心态都发生了翻天覆地的变化。他们忧心忡忡，不知道回去后会面对什么景况。车厢窗户下意识地关闭，背包也堆到了别人看不到的地方。奖杯本来在伊凡腿上放着，也被他迅速放到了前排座位下边。下飞机时三个人脸上洋溢的喜悦早已消失，换上了严肃的神情，这是他们在贫民窟的面具。他们讨论着该由谁来保管奖杯，最后决定谁都不能保管，因为，这东西在贫民窟肯定会被偷走。于是，他们问卡滕德能不能把奖杯放在仓库里。

回到象棋训练场，他们吃惊地发现，孩子们都等在那里迎接他们的凯旋。大家开心得又唱又跳，嘴里还不停喊着：乌干达！乌干达！乌干达！三个冠军看起来都特别尴尬，完全不习惯被人当成英雄对待。布莱恩一下子把菲奥娜举到肩膀上，兴奋地带着她在街上到处跑，直到菲奥娜求他，他才把妹妹放下来。萨迪斯给孩子们拍了许多照片，每张照片上大家都喜笑颜开，除了伊凡、本杰明和菲奥娜。这三个孩子表情尴尬，好像宁愿自己不在这里。“这几个孩子还以为他们取得的成就能改变自己的生活，可是事实却是残酷的，”萨迪斯说，“我觉得最令他们失望的是，兜兜转转一大圈，他们又回到了原点。他们曾经大放异彩，可是现在一切已归零。”

那天下午欢迎的人群之所以那么兴奋，一个原因是这三个贫民窟的孩子赢得了世界象棋锦标赛的冠军，更是因为他们的去而复返。迎接他们回家的同时，大家问了他们千奇百怪的问题。

你们是坐在银色的大鸟身上飞的吗？

你们是在屋里待着还是在丛林里待着呢？

你们又回来干吗?

“我突然意识到，对这几个孩子来说，感受了外界的精彩之后，再回到这里是多么困难的事情，”萨迪斯说，“苏丹在贫民窟的人们眼里就像天上的明月一样，遥不可及，无法想象。所以，这三个孩子不知道该怎么跟大家分享他们的经历，因为别人根本不会产生任何共鸣。刚开始他们的沉默还让我迷惑，明白之后我为他们感到悲哀，再后来我开始思考：‘这些孩子经历的一切对他们真的好吗？’”

那天晚上，菲奥娜离开庆祝会往家走，碰到一个姆宗古，这个人兴奋地问她：“到家之后的第一句话你会对你母亲说什么？”

“我得问问她，”菲奥娜说，“我们明天早上有东西吃吗？”

# 第九章

# 世界的另一边

从苏丹回家的那天晚上，菲奥娜什么都没吃。第二天也没吃。本杰明和伊凡跟她一样，都没有吃饭。这一次，他们不是没饭吃，而是真的不想吃。吃饭的时候不可能再选择吃条大大的鱼了。实际上，他们根本就没的选。品尝过知识之树上结的丰硕成果，他们的胃口再也没那么容易满足了。现在他们不知道，可是，他们的生活再也回不到从前。

要想在卡推这样悲惨的地方生活，只有坚强忍耐才能随遇而安。要想在这样的地方生存，只有下意识的反抗才能勇往直前。对生存环境无限容忍，生活态度却又乐观积极，这两种截然不同的特性造就了非洲人独有的平和心境。许多人说跟普通的美国人相比，非洲人的心境要更安详、更宁静，究其原因，应该与眼界有关。生活在卡推的人根本不知道有什么更好的生活值得他们去奋斗，有限的认知塑造了他们知足常乐的性情，也让他们背上了懒散的骂名。可是，对菲奥娜这样的人来说，见识过苏丹的豪华与奢侈，再回到卡推，苦苦挣扎在默默承受和绝望无助之间，需要用尽全力才能重新适应生活中的一切苦痛。

离开朱巴那个豪华的酒店房间，菲奥娜回到了自己只有一百平方英尺（九点二三平方米）的家里。四堵墙由破砖块垒成，墙上没有窗户，几根细长的木梁撑着一块瓦楞铁皮就是房顶，随处可见蛛网覆盖。门口垂着一道门帘，可是在这个被赤道一分为二、终日闷热的国家，门帘根本就没法拉下来。洗过的衣服就搭在屋里扯得乱七八糟的洗衣绳上。墙上什么装饰都没有，只有几个不知被谁刻上去的电话号码，紧急的时候可以打。但她家没有电话。

家里的全部财产就是两个装水的罐子，一个洗衣桶，一盏煤油灯，一个用废旧金属做成的炭炉，一个茶壶，几个盘子，几个茶杯，一把快磨秃了的牙刷，一小块镜子的碎片，一本《圣经》，还有两张摞在一起的床垫，晚上摊开，供家里的四个人睡觉用。通常，睡在上面的是菲奥娜、哈丽特、布莱恩和理查德。

本来墙上有一个小窗户，现在用一块卷翘变形的三合板遮着，只在砖墙上弄了几个洞，好让空气流通进室内。天花板不知什么时候也破了几个洞，屋外一旦暴雨如注，屋内跟着洪水泛滥，这样的场景在半夜经常发生。门外放着一把扫帚，哈丽特经常用来清扫家门口泥地上的小石块。离门口不远的地方有个坑，扔满了垃圾，经常有公鸡在腐烂的香蕉皮和粪堆里找食吃。房子一角用三张铁皮弯在一起做成了简易浴室，几步开外就是用砖头垒成的户外厕所，脏水从地上的一个小洞排出，流下山坡，汇入山谷。

房子里能吃的东西就是四小袋大米，一袋咖喱粉，一袋盐，还有一些茶叶。家里没有电，因为哈丽特出不起每月两万先令的钱偷电用。

从苏丹回到家的那天晚上，看着布莱恩和理查德一人捧着一小碗米饭吃得津津有味，菲奥娜心中一阵烦躁。布莱恩问她："你们在苏丹吃的什么？”菲奥娜没回答，把话题扯到了一边。布莱恩又问：“坐飞机的感觉是什么样的？”菲奥娜随便敷衍了两句。最后，布莱恩又问道：“在飞机上怎么尿尿？”听到这个问题，菲奥娜憋不住笑，尽量详细认真地满足了哥哥的好奇心，可是，她的心思仍旧飘忽不定，回答得心不在焉。棚屋给她的感觉跟以前好像不一样。可是棚屋没变，是她变了。“菲奥娜回来之后，家里有好多家务活等着她干呢，”布莱恩说，“可是，她在苏丹的那些天，除了下棋什么活都不用干，所以，对她来说再干这些活肯定特别难受。她要是不干活，没办法，我和理查德就得替她把活全干了。一下子替她干了两个星期。”

从苏丹回家的第一天，哈丽特在市场上没回家，所以菲奥娜没见到母亲。等哈丽特回来，已经夜深。第二天一大早，没等菲奥娜起床，她就又到市场上去了。所以，一连两天，菲奥娜和哈丽特都没见上面。一家人终于聚在一起时，哈丽特还不知道女儿在苏丹取得的成就。“妈妈，”布莱恩说，“菲奥娜去苏丹的时候，你知道她会赢吗？”

“什么？”哈丽特说，开心地举起了双手。“她赢了？让我赶快去教堂感谢上帝。上帝简直太仁慈了！”

说完这句话，哈丽特就离开家去了教堂。一个小时之后，从教堂回来的她脸上仍旧洋溢着骄傲。“看看吧？”她跟布莱恩说，“当时你还不想让你妹妹去学棋呢，看看吧？你看看现在她多厉害！”

回学校的心情也不轻松。从苏丹回来的第二天，菲奥娜拎着用来当书包的绿色塑料袋，徒步五公里从卡推来到环球初级小学。她已经上到小学七年级（P7）。环球小学面积特别小，到处尘土飞扬，一个公共厕所就占据了整个操场，校园里终日臭气熏天。一个生锈的轮毂和绑在轮毂旁边的铁撬棍就是学校的上课铃。开始一天的课程之前，孩子们会一起唱琼·贝兹的《我们要战胜一切》。

菲奥娜回学校那天，学校给她举行了一个简短的欢迎仪式向她表示祝贺。在苏丹参加比赛时，每个选手都有一小笔参赛津贴，这笔钱她还剩下一部分，于是她偷偷地拿了一些硬币分给了班里最穷的几个同学。“看到这一幕，我打心眼里佩服她，”学校校长阿卜杜勒说，“这个姑娘前途不可限量。”校长意识到国际象棋对菲奥娜产生了积极的影响，于是，他把国际象棋写进了环球小学的课程设置里，每周由本杰明给大家上三次课。

在苏丹的胜利激励着菲奥娜更加用心地学国际象棋。下一场赛事是即将于十一月份举行的国家锦标赛，乌干达所有顶尖高手都会参加这次比赛。菲奥娜求卡滕德也让她参加，可是卡滕德拒绝了她的请求，因为这次比赛同时还是国际象棋奥林匹克团体赛的预选赛。卡滕德觉得，在这个高手云集的赛事上，不论是菲奥娜还是他的另外几个弟子，实力和年龄都与其他选手十分悬殊，他们还没准备好。“我担心，而且我确信菲奥娜的水平不够。我见过其他女选手下棋，她们的实力绝对都在菲奥娜之上。要是让她参加，只会浪费时间和精力。”

可是，锦标赛开赛前一周，卡滕德接到了戈弗雷·加利的电话，让菲奥娜到场参加比赛。加利当时也没觉得菲奥娜有实力入选奥林匹克团体赛，让她参赛是为了帮助提高那些有资格入选的选手的水平。

卡滕德说："我告诉菲奥娜，'加利先生坚持要让你参加这次锦标赛，我之所以同意，是想让你去多锻炼锻炼。参加比赛的这些大姐姐要争夺代表国家参赛的机会，她们为锦标赛做准备的时候你也跟着锻炼，这个机会非常好。'"

加利跟卡滕德说，要是将来菲奥娜打算参加奥林匹克团体赛的话，提前接触这个赛事对她以后会有很大帮助。这句话打动了卡滕德，因为卡滕德正打算让菲奥娜参加二〇一二年的奥赛，到那时，菲奥娜应该能更自如地应对这种高级别赛事的压力。就目前来说，菲奥娜的水平至少跟她的竞争对手相差不大，所以，她是卡滕德的象棋项目里唯一一个被送去参加比赛的棋手，其他的棋手比如伊凡和本杰明都没能去成。

"教练知道我要是去参加比赛的话，就得跟那些大姐姐对弈，"菲奥娜说，"所以刚开始他态度非常坚决，不让我去，可是我真的特别想去参加，也很想提高我的下棋水平，所以最后他又让我去了。"

本次预选赛要持续三个月的时间，每周六比赛一次。参加女子组比赛的选手一共十人，采用循环赛的方式，最终排在前五名的选手会获得奥林匹克团体赛的参赛资格。刚开始的几轮比赛，卡滕德一次都没去，只是派他的助手穆比卢去观赛，他自己忙着在各个象棋项目间奔波，照顾其他学棋的孩子。第一周的排位赛结束之后，菲奥娜回到走廊，跟卡滕德说："教练，我赢了。"

"你赢了？"卡滕德说，"太棒啦！"

卡滕德知道参加女子组比赛的选手中有六个人的棋艺都可算是全国顶尖，所以他以为菲奥娜打败的肯定是水平比较差的选手。第二个周六，菲奥娜回来汇报说她又赢了。“我还是没有认真对待，”卡滕德说，“我看了看她在记录本上记下来的比赛步骤，跟她说：‘这局比赛挺精彩的。你表现不错。’不过我知道她的水平还是不够格。”

整个预选赛一共九轮比赛，赛完五轮之后，菲奥娜赢了三局，和棋一局，输了一局。就在那时，加利给卡滕德打了个电话。“罗伯特，我们都特别吃惊。照目前的情形来看，这个小姑娘很有可能获得参赛资格。”

“怎么可能呢？”卡滕德问道。

“跟她对弈的都是实力最强的选手，对她们来说，菲奥娜可真不好对付。”加利说，“要是照这个势头继续下去，她绝对能进入奥赛的前五名选手当中。”

“你确定吗？”卡滕德说，“你没开玩笑吧？”

随后他问菲奥娜知不知道这个消息。加利说她还不知道。

后来，卡滕德告诉菲奥娜：“你知道你很有可能获得到俄罗斯参加比赛的机会吗？现在，我们志在必得。从今天起，你要强化训练，保证剩下的几轮比赛全部获胜。如果你赢了剩下的比赛，那么你肯定能获得资格。”

卡滕德认真研究了菲奥娜之前的几局比赛，然后让本杰明、伊凡和理查德这些象棋项目里实力最强的选手每天跟菲奥娜一起训练。他自己也尽量抽时间每天和她对弈一局。

卡滕德每周都会收到最新排名的电子邮件。还剩三轮比赛的时候，他计算了一下得分，发现就算菲奥娜输掉剩下的所有比赛，她也铁定入选。菲奥娜是第一个获得奥林匹克团体赛参赛资格的选手。最后几轮比赛时，那些比她大的选手甚至会求她网开一面，跟她们和棋，这样的话，她们才有资格入选。菲奥娜最终排名第二。因为不知道这次锦标赛的冠军也是乌干达的国家冠军，所以她放弃了最后一轮自认为没什么意义的比赛，结果也放弃了国家冠军的头衔。

“奥林匹克预选赛竞争十分激烈，所有参赛选手都棋艺高超，实力强劲，每个人都想参加正式比赛，”同样获得参赛资格的恩苏布加说，“我得承认，我其实挺怕菲奥娜。我宁愿跟其他认识的选手对弈，也不愿当她的对手，因为她还那么小，要是被她打败，挺让人沮丧的。我们几个都害怕她，大家都觉得她是个非常大的威胁。”

“这个结果确实挺让人兴奋的，可是别忘了，这是乌干达，获得参赛资格并不代表一定能去参加比赛，一切都有可能发生。”卡滕德说，“因为我们是在乌干达，所以，我其实并不相信菲奥娜能去俄罗斯参赛。乌干达以前从来没有送过任何女子团队去参加奥赛。我跟她说：‘要是上帝想让你去参赛的话，你就可能去参加。’我从来没有说过她要去参赛。她很可能去不了。”

几个月之后，加利告诉卡滕德，国际棋联会承担乌干达十名选手的参赛费用，让他们去俄罗斯参赛。卡滕德赶快把这个好消息汇报给超越体育基金会，萨迪斯立即着手给卡滕德筹措资金，让卡滕德陪菲奥娜一起去，因为菲奥娜年龄太小，必须得有人陪伴才行。资金筹措到位之后，卡滕德被指定为女队队长，因为他是乌干达代表团中为数不多的能拿得出旅费的人。

九月初，环球初级小学收到乌干达国际象棋联合会发来的信函，要求学校同意让菲奥娜放假一个月去参加国际象棋奥林匹克团体赛。校长把这封信一下子复印了十二份，张贴在每间教室，以此激励其他学生。

去俄罗斯之前，菲奥娜在学校待的最后一天被学校宣布为校本节日。菲奥娜班里的三十三名同学被召集到了一间闷热的教室里。教室墙上贴着有关非洲的海报、乌干达历代总统的肖像，还有一张世界地图。有人问大家谁能在地图上找出菲奥娜将要去的国家，只有一个学生准确地找到了俄罗斯。剩下三十二位同学都不知道。菲奥娜就是其中之一。

国家队出发的前一天，乌干达国际象棋联合会举行了一场媒体见面会，欢送全体队员。见面会现场没有麦克风，所以观众席上的记者和选手们得从屁股下面坐的塑料椅子上探起身子，才能勉强听见发言的官员们到底在说什么。

“你们只是十个乌干达人，”乌干达国家体育委员会秘书长阿利加韦萨说，“可是你们身后却有三千万乌干达人在热切地注视着你们。”

联合会主席卡穆跟选手们说，他记得一九七二年乌干达国家拳击队代表国家参加一项国际比赛时，时任总统阿明为选手们送行，说了这么一番话：“不要管能获得多少点数，只要把对手打昏过去，谁会赢得比赛就是不言而喻的。”卡穆给选手打气的时候，简化了一下说法：“大家参加的是奥林匹克团体赛，虽然你们肯定打不过俄罗斯人，但是大家只要尽力就行了。”

出发那天，象棋项目有六个孩子跟着菲奥娜一起去机场，这几个孩子大部分都没坐过汽车。奈特的女儿丽塔刚刚三岁，看到菲奥娜跟几个白人一起走，这个惊慌失措的小姑娘学着大人的腔调说：“菲奥娜被姆宗古拐跑了，他们会把她的头砍下来的。”在乌干达，大人们总喜欢用这样的话吓唬小孩，以防他们被陌生人拐走。

坐着公共汽车往机场去的路上，菲奥娜开玩笑地跟卡滕德说，既然卡滕德以前没坐过飞机，那么现在她可以做卡滕德的教练了。

菲奥娜的母亲以前从来没去过机场，这次也跟着一起去。哈丽特还要交代女儿几句话。“一定要小心，”她对菲奥娜说，“你要去的国家不是我们自己的国家，要是你表现好的话，那你就给国家争光了。要是表现不好，你就给国家丢脸。不要偏听偏信任何人，尤其是别被那些男孩子给骗了，你的大好时光还在前头呢。上帝一直记挂着我们呢。”

说完这些话，她拿了一块布擦掉脸上的泪，接着重重地来回摩挲着菲奥娜的肩膀，说了一句她从没说过的话：“别冻着自己。”

后来，哈丽特承认，说这些话的时候，她以为自己以后再也见不到女儿了。

他们在天上飞了一夜，又飞了一夜，在肯尼亚的内罗毕机场停留，在阿联酋的迪拜机场停留，之后就一直飞一直飞，直到来到寒冷的俄罗斯汉特-曼西斯克，他们才呼吸到第一口新鲜空气。菲奥娜离开了她所熟知的世界，来到这片陌生的荒野；她抛下了过去形影不离的生活，来到这片从未想过能踏足的土地——西伯利亚。

航行的最后几个小时，菲奥娜透过机舱窗户往外看，四面八方，茫茫一片。她想不到地球上居然有这样的地方，如此辽阔，没有人烟，光秃一片。汉特-曼西斯克是一个石油城市，大约有七万五千名性格淡漠的居民住在这荒凉的西伯利亚大草原，与世隔绝，遗世独立，与其他大城市之间不通公交车，也没有火车。

刚确定要来这里，菲奥娜就开始担心。现在，一踏上西伯利亚的土地，她发现最初的担心成为现实。这里实在太冷了。冰寒刺骨。有人跟她说，汉特 - 曼西斯克最暖和的日子，温度也达不到乌干达最冷的日子。她还注意到这里的道路平坦整洁，没有她早已习惯的尘土飞扬。这里的路口有交通信号灯，却没有汽车。这里的人们穿着都很得体。这里的高楼鳞次栉比。这里的一切都与乌干达不同，就连从机场到酒店的公交车也跟她之前坐的不一样。酒店大如迷宫，很难记住自己的房间在哪里。她洗了个澡，刚开始水龙头里出来的是刺骨的冰水，她还奇怪怎么会有人洗冷水澡，后来看到指示，才知道另一个水龙头里的水才是热水。酒店大堂里各个种族的人都有，说的话她全部都听不懂。

卡滕德知道，跟上次去苏丹相比，这次的文化冲击对菲奥娜的影响更大。看到他的学生睁着大大的眼睛，到处乱看，他赶快提醒她，虽然眼前的一切看起来都是那么陌生，可是，等到比赛一开始，在卡推早已熟悉的感觉就会回来——同样的棋盘，同样的六十四个方格，同样的征服欲望。

国际象棋奥林匹克团体赛是世界上最重要的国际象棋团体赛事。首届比赛始于一九二七年，自一九五〇年固定为两年一届，到目前为止，已经举行三十九届。参加比赛的都是全世界最顶尖的国象棋手。前世界冠军卡尔波夫、卡斯帕罗夫和费舍尔都参加过至少四届奥赛。截至二〇一〇年，之前的十五届冠军全部被俄罗斯或苏联的成员国囊括。俄罗斯在该项赛事上的主导地位使汉特 - 曼西斯克在近些年慢慢发展成了国际象棋中心，该市先后主办了二〇〇五、二〇〇七和二〇〇九年的国际象棋世界杯赛，同时通过和申请主办奥运会一样的流程，申请主办本届奥林匹克团体赛并成功通过。

自一九八〇年以来，除了一九九〇年在莫斯科举行的那届国象奥赛之外，乌干达参加了每一届的国象奥赛，可是，从来没有派出过女子团体。因为没钱，乌干达国象联合会连资助男子团体的经费都特别紧张，更别说女子团体了。所以，要不是国际棋联宣布，全额资助乌干达男子和女子团体参加二〇一〇年的奥赛，女子团体根本没有机会。

根据奥赛赛制，每个参赛队和其他队都要互相竞技，每天一场比赛。每个参赛队伍有四个队员参赛，按照等级分由高到低排列，排名第一的在一台，排名第四的在四台。如果赢了一局比赛，选手能得到一分；和棋能得到零点五分。四名选手的成绩累计起来就决定了哪个国家赢得该轮比赛。每天会有一个选手在旁边观赛。按照菲奥娜在五名乌干达女队参赛选手中间的排名，整个赛程她的位置就在二台。

乌干达女队的几个大姐姐对菲奥娜这个小妹妹一无所知。她们几个的生活环境虽各不相同，又有相似之处：都住在坎帕拉比较富裕的地区；都已大学毕业，有三个还毕业于东非最好的大学之一——马凯雷雷大学；都已做好参加工作的准备；没有人去过卡推。

丽塔·恩苏布加，二十五岁，从小跟着父亲学棋，而她的父亲经常跟乌干达的精英棋手一起下棋。小学时，丽塔赢了她人生中第一次锦标赛，奖品是一个小小的磁铁棋盘，自此，她对国际象棋越来越迷恋。跟父亲下棋时，父亲总是会在棋盘旁边放一张面值两万先令的钞票，告诉她，什么时候打败他，什么时候这张钞票就是她的。有一次丽塔拿了锦标赛的冠军，父亲给她的奖励是带她坐豪华游艇去海上旅行。后来，丽塔跟着齐伦布奇博士训练，成了第一个加入穆拉戈之王象棋俱乐部的人。通过俱乐部的系统训练，她获得了参加二〇〇八年奥林匹克团体赛的资格，因为缺乏资金，女队没有参加。

琼·布廷多，二十七岁，从小就看父母下棋，有时一盘棋要下三四天，一家三口在棋盘前度过了无数个夜晚。看着父母头天晚上没下完的棋局，琼总想给一两个棋子换个位置。这让琼的父亲意识到女儿对国际象棋也有兴趣。他开始教琼下棋，跟她对弈。等琼长到十一岁，她已经成为全家水平最高的棋手。那时，她就骄傲地跟兄弟姐妹们说，以后再也不跟他们一起玩什么“脏兮兮的游戏”啦，她玩的游戏只有一种：国际象棋。二十三岁时，琼成为乌干达女子国家冠军。

艾维·阿莫科，二十四岁，十一岁跟继兄学棋，不过那时她觉得国际象棋太枯燥，就没坚持下去。十四岁时，她参加了寄宿学校举行的一场比赛，输了第一局之后，很快就退出了比赛。之后又有好久，艾维再也没碰过象棋，直到二〇〇七年。那一年，十九岁的艾维已经上大学，被邀请参加所在大学举办的院系间国际象棋比赛，居然赢了第一局。自此，艾维又捡起了国际象棋，用来调剂和缓解繁重的法律专业学习带来的压力。她清楚地记得参加一次锦标赛时，输给了对手琼·布廷多——当时的国家冠军，赛后无意听到琼跟别人说她水平很差，气得艾维全力以赴地训练，最终打败了琼，成为二〇一〇年的女子国家冠军，在奥林匹克预选赛的名次排在菲奥娜前面。

格蕾丝·基热尼，二十四岁，十三岁那年的假期跟一个朋友学会了下棋。上初中时她就开始参加各类锦标赛，不过当时并没有把全部心思放在象棋上。认识丽塔之后，她才跟着丽塔一起参加了马凯雷雷大学的象棋俱乐部，后又加入穆拉戈之王俱乐部。

奥赛开始之前，有人问她们对菲奥娜的印象，大家共同的看法是菲奥娜潜力惊人，可是她有时候表现得似乎对比赛并不那么上心，就算是输了，也只是随随便便地耸耸肩膀，好像根本无所谓。

“我不知道她的家庭背景怎么样，也不知道她是怎么开始学下棋的，”格蕾丝说，“我更不知道她是真心喜欢下棋还是被人逼着去下棋。我想这是她跟我们最大的不同。我要是不想下棋就不下，谁逼我都没用。可是菲奥娜不一样，对她来说，可能象棋真的能改变她的命运。跟她在一起时，她看起来与别的小女孩也没什么不同，总是无忧无虑。我觉得她非常了解国际象棋对她的重要性，只不过她把这份感情深埋在心底，不愿意展现出来而已。”

“菲奥娜给我的感觉是她对什么都不在乎，”艾维说，“好像她身边有一堵无形的墙，而她，总是想要躲在墙后边，这样就没有人能看到她的喜怒哀乐，也没人能感知到她的真情实感。她很坚强，可能对她来说，情绪失控会让人看到她脆弱的一面，所以她总是喜怒不形于色。可是，真情流露反而可能会帮到她呢。我真希望她能大大方方地承认她对象棋的感情。”

菲奥娜承认在队友面前并不爱展现真实的自己。这是卡推生活带给她的影响，她们不懂。

“事实上，真的没有人能看透我，”菲奥娜说，“有时候，我就算输了比赛，也能满面笑容，看起来特别开心。可是，我的内心却在痛苦煎熬，因为我真的不喜欢输掉比赛的感觉。要是我不告诉你，光看我的样子你肯定看不出我心里有多难过。这是生活在贫民窟的必备技能。物质上我们可能不富裕，但是唯独不缺的就是骄傲，因为要是让人看出来我们的真实想法，他们会欺负我们。从小妈妈就是这样教育我们的。就算日子再难过，我们也不会诉苦，更不会表现出来。我们会把痛苦嚼碎咽进肚里。”

菲奥娜哭了。抑制不住地啜泣。二〇一〇年国际象棋奥林匹克团体赛的第二局比赛，和中国台湾选手对决的一局比赛，自己本该赢的一局比赛，就这么输了。菲奥娜伤心欲绝。

上一次流泪是什么时候她早已没有印象，可是这次她怎么都控制不住自己。不知为何，她觉得既然离家这么远，远至西伯利亚，那么放声大哭应该是安全的吧。所以，她把头埋进枕头，放声痛哭。宣泄一切痛苦。她的队友丽塔、格蕾丝、艾维和琼都试着安慰她。卡滕德也试着安抚她。可是菲奥娜的眼泪怎么也止不住，流了一整夜，好像因为这里可以让她随意哭泣，她就要把过去那么多年的委屈和痛苦，那些在卡推没有立足之地的委屈和痛苦一股脑全部发泄出来。

“虽说菲奥娜来到了奥林匹克赛场，可是在她看来，她的棋艺能让她在乌干达赢棋，也一定能让她在这里赢棋，”丽塔说，“而实际情况并不是这样的。所以她可能有些失望。输掉第二局的原因是她犯了个错误，不过这些话我们提都没提，生怕再让她伤心。大家都试着鼓励她。”

“她输掉那局比赛的时候我们都很震惊，因为按照她的水平，那局应该是稳赢的。”格蕾丝说，“比赛现场的环境对她非常不利。她太小了，放棋盘的桌子又特别高，当时我们都说：‘怎么能让这么小的一个孩子趴在这么高的桌子上下棋呢？’因为大家以前都没有参加过这么高级别的比赛，所以我们都有些害怕，有些胆怯，这很正常。我觉得菲奥娜跟我们一样，等到比赛结束，再回头看之前的下棋步骤，肯定会想：‘天呀，我那会儿到底是怎么想的？’”

卡滕德决定缓解一下菲奥娜的压力，于是，第三天跟日本队比赛时，菲奥娜坐在旁边观战。那天乌干达队以一胜三和的结果赢得了第一次胜利。卡滕德觉得，如果这一轮比赛菲奥娜参加的话，很可能会赢，所以，接下来怎么安排，他非常犹豫。下一轮的对手是巴西队，实力强劲，到底要不要菲奥娜参加，很难取舍。最后，考虑到菲奥娜的情绪还没完全稳定，这一轮暂时还不让她参加，就等到对手没那么厉害时再参加好了。

观棋。聊棋。练棋。就算菲奥娜没在赛场上下棋，她也没歇着。在赛场上度过漫长的一天之后，选手们回到酒店，继续聊棋。要是她们没在聊棋，那么，她们就是在练棋。要是笔记本电脑开着，那屏幕上显示的很可能就是一个棋盘。就连不下棋的时间，菲奥娜也完全沉迷在象棋世界，只有去餐厅吃饭才能让她暂时放下心心念念的象棋。餐厅就在酒店里，每天，菲奥娜要在那里吃三顿“随你怎么吃”的自助餐。刚开始几顿饭，每次她都要把自己撑到反胃。就算吃饭的时间，她们也会用盐瓶和胡椒粉瓶当棋子来再现比赛时的情景。

国际象棋不是一个能吸引观众的赛事。除了队友和教练，来观赛的几乎都是选手的家人，偶尔会有记者来到现场。比赛时，经常出现对弈双方二十分钟都不走一步棋的情况。选手有时会站起来去上个厕所，去喝杯茶，或者仅仅是为了在气势上压倒对手，让对手觉得自己不坐在棋盘旁也能赢。菲奥娜从来没有离开过棋盘。她根本不懂什么叫在气势上压倒对手，幸运的是，她也不懂什么叫被人在气势上压倒。

她坐立不安。奥赛的选手们走棋太慢了，跟卡推的下棋方式一点都不一样。有两局比赛她下得心烦意乱，坐在位子上无精打采，绝望地等着对手走下一步。

第二局比赛之后菲奥娜崩溃的样子让卡滕德心生警惕，他有点后悔同意乌干达象棋联合会让菲奥娜坐在二台的决定。本来她还有机会跟那些排名较低、经验不足的选手比赛，获胜概率可能更大一些，可是排在二台就意味着，她必须要跟其他队的精英棋手对阵。

第三局比赛菲奥娜对阵来自埃及的女子大师莫娜·哈立德。哈立德下棋的速度非常快，这让菲奥娜打心眼里高兴，于是，放松警惕的她跟着对手的节奏走，下得太快，思考不足，直接导致她犯了好几个致命错误。哈立德这一局下得完美无缺，只用了二十四着就赢了比赛，时间不到一个小时。看到菲奥娜这么快就被打败，卡滕德非常担心，可是菲奥娜却很坦然地说今天自己被一个卓越的棋手打败，她一点都不气馁，反而被激发了斗志。菲奥娜径直走到卡滕德面前，说："教练，有一天我会成为国际特级大师的。”

说完之后，她松了口气，也有点吃惊这些话会从自己嘴里说出来。

第四局比赛菲奥娜对阵索尼娅·罗萨利纳，一个安哥拉人。罗萨利纳下棋时一直盯着菲奥娜的眼睛看，后来她说菲奥娜的眼睛是她下棋以来见过的求胜欲望最强的眼睛。这局比赛菲奥娜一直处于劣势，可她始终拒绝投降。中间也反击过几次，到了残局阶段，她差点有机会逼对方和棋，可是不知为何，关键时刻她的战术突然变得过于消极，过于保守，这可一点都不像她。三个小时七十二着之后，菲奥娜不情不愿地投降了。她自己都说，最需要勇气的时候却没了斗志。她发誓，以后永远永远也不会再发生这样的事。

二〇一〇年九月三十日，奥赛第九天，跟其他几天一样，晨色清冷，天空阴郁。菲奥娜讨厌俄罗斯的天气，可是她爱极了酒店房间，洁净的水，还有那一天三次的美餐。还没到回家的日子，她已经开始发愁回去后又要过吃了上顿没下顿的生活。

第五局比赛，菲奥娜坐在棋盘前，头戴白色针织帽，身穿黑色大衣，脚蹬米色羊毛靴，靴子尺码大了几号。这些衣物全部来自姆宗古的捐赠。这一局她要对阵阿贝拉，一个埃塞俄比亚人。跟菲奥娜一样，阿贝拉来自非洲，还是个十几岁的孩子，也是第一次参加奥赛。参赛以来第一次，菲奥娜跟对手有了共鸣。她看到了她自己。参赛以来第一次，她不再害怕。

菲奥娜是黑方，在棋局中处于防守的位置，可是刚开始的二十着她不疾不徐，慢慢转变了双方局势，紧接着就发起了攻势。菲奥娜感觉自己瞬间找回了在卡推走廊下棋的感觉，开始步步紧逼，一步不让，逼得阿贝拉节节败退，直到无路可退。

看到阿贝拉伸开双手表示投降，菲奥娜努力想憋住笑，可还是没忍住，咧开嘴笑了起来。随后，菲奥娜一溜烟地跑出赛场，对着寒风凛冽的西伯利亚天空，仰天长啸，开心到了极点。她的叫声太大，连赛场里正在比赛的棋手们都听到了。这是一声菲奥娜以前从未发出过的长啸。这是一个连棋具都买不起的十四岁女孩，因战胜了世界上最好的棋手之一，却又不知如何抑制内心喜悦而发出的长啸。这是一个被遗弃的女孩在一个被遗弃的世界里发出的长啸，一声终被世人所听到的长啸。

“她才十四岁？”拉希达·科尔宾难以置信地问道，“这是她第一次参加奥赛？一个只有十四岁的孩子，没受过科班训练，居然能坐在二台下棋，还能表现得那么自信，简直太不可思议了。太值得赞扬了。这件事意义太大了。”

二十四岁的科尔宾是巴巴多斯的国家冠军，也是菲奥娜第六局的对手。对科尔宾来说，她从来没有遇到过菲奥娜这样的对手。虽然赢了菲奥娜，可是科尔宾对菲奥娜赞不绝口，说她下棋的直觉是如此敏锐，采用的战术“绝不照本宣科”。照本宣科？菲奥娜连一本象棋书都没摸过，怎么照本宣科？她连书里有什么都不知道。

赛后回到酒店，科尔宾来找菲奥娜。两个人一步一步地回顾之前下的棋局，找出了菲奥娜犯的两处虽然很小却让她输掉了比赛的错误。科尔宾还把自己用到的一些战术教给了菲奥娜，这些战术菲奥娜以前从来没见过。

“对一个十四岁的孩子来说，菲奥娜的潜能惊人。”科尔宾说，“我特别期待看到几年之后的她。她下棋太投入，也把自己逼得太紧了。你能从她的眼睛里看出那股狠劲，甚至能感觉到她求胜心切。看起来她对冠军志在必得。”

马上要举行的比赛是菲奥娜参加的第七场，也是本届奥赛的最后一场比赛。坐车从酒店到比赛场馆的路上，透过车窗玻璃，卡滕德盯着窗外弥漫在西伯利亚平原的薄雾，若有所思。“这里的人都不知道这个小女孩来自什么地方。上帝从卡推的贫民窟把她选中，送到这里，简直不可思议。”

菲奥娜跟卡滕德隔了一条走道，正静静地坐着，陷入沉思。跟过去几天参加六场比赛的那个小姑娘相比，她的表情更加坚毅，给人的感觉也更加成熟。最后一场比赛，乌干达对阵莫桑比克。因本轮比赛选定艾维在旁观赛，所以，菲奥娜直接升位至一台，这也是她在本届奥赛中第一次坐在一台。她的对手是莫桑比克的女子冠军——二十五岁的瓦尼亚·维列特，这是维列特第二次参加奥赛。

这局比赛菲奥娜的节奏更慢，也更加谨慎，证明她在前几局真正学到了许多。不知不觉，菲奥娜就占据了局面优势。来这里的第一天，这个小姑娘对标准开局什么都不懂，到了比赛的最后一天，她已掌握许多不同开局的细微差别。菲奥娜的开局优势一直延续到中局，这时，对手突然建议和棋。究其原因，应该是对手看出自己大势已去，现在和棋还能挽回些颜面。菲奥娜的第一反应是拒绝和棋，继续比赛，把对手打个落花流水。不过在旁观赛的卡滕德上前一步提醒菲奥娜，现在乌干达已经赢了两局，和了一局，她们已是胜券在握，要是接受和棋，才比较得体。赛后，卡滕德一如往常，开玩笑似的轻拍菲奥娜的头顶，说：“你可别以为自己真的就是排名第一的棋手了啊。”

后来，维列特说：“我的对手实力太强了。要是有人帮她，总有一天她会成为国际特级大师的。能跟她和棋是我的幸运。看她的样子怎么也想不到才十四岁。现在的小孩子们长得太快了。”

菲奥娜在第二局比赛之后就没再写日记。她太伤心，根本没法提笔，而且，她也不想让母亲知道自己内心的想法。等到再次拿出笔记本，已经是十一天之后了。终于，在汉特 - 曼西斯克的最后一晚，她打开笔记本，写下了奥赛期间的最后一篇日记：

亲爱的妈妈：

我不知道怎么开局，所以有几局吓（下）得非常不好。这应该是我被打败的原因。可是还有一局我吓（下）得非常好，我以为我能迎（赢），结果她们最后把我打败了。我非常失忘（望），然后我回到酒店哭了起来。

说说我对最后一局比赛的感觉。

吓（下）最后一局比赛之前，我特别害怕。害怕的原因是跟我下棋的国家让我害怕。虽然这个国家也是一个非洲国家，可是我还是害怕，因为我要坐在一台。一台是每个国家水平最高的选手坐的位置。那天早饭我都不想吃，因为我知到（道）一会儿我要跟水平很高的选手下棋。于是我回到房间做准备。我只知道自己不会输掉这场比赛。我们的对手是莫斯比克（莫桑比克）。于是我刀（到）比赛场地后，我向上帝祈祷，希望上帝保佑我吓（下）好这局比赛。比赛开始了。我的对手走棋非常快，我走得很慢。等刀（到）我快迎（赢）她的时候，她想了很久。过了一会儿那个女孩起（乞）求我跟她和棋。于是我问了教练,看他师不师（是不是）能接受和棋。我跟她和棋了。可是比赛结束后，我的队友跟我说我当时都快迎（赢）了，因为我更有优势。

比赛结束之后我们去了博物馆，在那儿刊（看）到很多过去的东西。那里有很多枪，还有许多哺乳动物的骨头。看到这些东西我非常开心，因为我从来没有去过博物馆，所以这是我第一次去。

然后我们又去参加了闭幕式。那个地方真大。最下边有一个特别大的棋盘。我看到棋盘上有些棋子。可是那不是真的棋子，那是人扮的棋子。他们穿着棋子的衣服,看起来非常好玩。美(每）个地方都组织得很好。开始发将（奖）杯的时候，我很季度（嫉妒)，还哭了。我非常失忘（望)，闭幕式结束之后，我们去参加了一场派对。

那会儿已经非常累，也很失忘（望)。我喝了几杯饮料，吃了点东西。然后我里（离）开派对回到酒店。我跟教练一起回去的，其他队友还在派对上喝酒。我回来收拾衣服。因为第二天我们要回家了。

他们整夜整夜都不睡，这三个孩子，布莱恩、理查德，还有菲奥娜，躺在卡推伸手不见五指的棚屋里，身下是那两张摊开的床垫。每晚，菲奥娜都会给她的兄弟们讲一个精彩绝伦的睡前故事，两人听得聚精会神，直到黎明还不睡。一天晚上，她给他们描绘了一个叫迪拜的机场。机场光彩夺目，熠熠生辉。要是你有钱，不用出机场，就能买到几乎所有的东西，连汽车都能买到，因为那里就有一辆特别漂亮但不知为何没有盖的蓝色汽车。她跟他们讲冰冷洁白的雪花像下雨一样纷纷扬扬从天上落下。她说有人告诉她俄罗斯有些地方连着好多天都见不到太阳，有时连着好多天黑夜从不降临。她告诉他们白马铃薯的味道多么奇怪，有人为了让牙齿长得整齐，居然把铁丝套到牙齿上。她说她见到了国际象棋前世界冠军卡斯帕罗夫，卡斯帕罗夫居然还问别人她叫什么名字。她还讲到，有一次乌干达队走在大街上，被好多人拦下来要跟她们合影。

"他们为什么想要跟你们合影呢？"布莱恩问道。

"因为我们的肤色。"菲奥娜回答。

布莱恩接着问："你是说俄罗斯的人没见过黑人足球运动员吗？难道世界的另一边都没有黑人？"

"这些人以为我们是故意把皮肤涂成这样的，"菲奥娜说，"他们以为我们跟他们长得一样，但是我们会在早晨起床之后把皮肤涂黑，然后才出门。"

从西伯利亚回国的第二天，菲奥娜去环球初级小学上学，受到了英雄般的热烈欢迎。校长本来打算租辆车，到菲奥娜家里把她接到学校，可是因为学校出不起全程的路费，菲奥娜就从学校拐角处的加油站上车，汽车开了五百米把她送到了学校。老师和同学们站在通往学校的那条车辙深深、尘土飞扬的道路两旁欢迎菲奥娜，手里举着各种手绘标语，上面写着：乌干达万岁！环球初小万岁！菲奥娜·穆特希万岁！为了上帝和祖国！等到汽车驶近，菲奥娜听到她的同学们整齐划一地喊着她的名字：菲——奥——娜！菲——奥——娜！

菲奥娜随便讲了几句话，然后把头天在机场买的糖果拿出来分给了同学们。买糖果的钱来自奥赛组委会给选手发的津贴，这些钱大部分都给了母亲还债，交上拖欠的房租，再还上拖欠基布耶市场供应商的钱。她自己还剩了一点钱，就用这点钱买了接头发的东西，算是青春期女生的奢侈爱好。去俄罗斯之前，她连接发是什么都不知道。

卡推以外的生活再一次对菲奥娜的人生产生了深远影响。“当然，我的想法彻底发生了改变，”菲奥娜说，“一直以来，我的世界就只有非洲。俄罗斯之旅大大开阔了我的视野。到那里我才知道世界上还有更好的地方，生活在那里的人们行为举止更得体，吃的东西更丰盛，生活方式更让人向往。他们的一切都跟我们不同。说实话，这一切特别激励我，因为要是能生活在这样的环境下，见到这些生活状态更好的人，我就会想，如果我再努力一些，说不定也能跟他们一样，生活得更好。”

卡滕德曾经绞尽脑汁想要灌输给菲奥娜的想法，现在菲奥娜自己有了切身体会。

“我永远都不会忘记第一次参加奥赛的失败，”菲奥娜说，“忘不了的原因是有几局比赛我表现得太差了，犯了许多可怕的错误，当然也吸取了教训。所以，我在后几局的表现跟前几局比起来，截然不同。我学会了如何开局，就连残局也比之前下得好。奥赛实在太有挑战性了。这次比赛让我更加用心去学棋，更加刻苦地练习，那么下次再参加奥赛的时候，我就会把之前输掉的比赛全部赢回来，也许有一天我能成为国际特级大师。”

有人问她成为国际特级大师需要多长时间时，菲奥娜一脸茫然。对于生长在卡推的孩子来说，跟时间有关的问题毫无意义。他们绝对不会去考虑今天以外的事情。一切都是“就在那儿”。

思考良久，菲奥娜回答说：“该发生自然会发生，我怎么知道是什么时候呢？”

# Endgame

# 残局

# 第十章

# 障碍重重

他不可能赢。不管是什么，都轮不到约翰·阿基·布阿赢。他的父亲娶了九个老婆，生了四十三个孩子，阿基·布阿只是这四十三分之一。一九四九年，阿基·布阿在乌干达北部一个名叫利拉的小村庄出生、长大，天天在丛林里到处窜来窜去找东西吃，就算这样也保证不了每天都能填饱肚子。父亲死后，还不到二十岁的阿基·布阿辍学来到坎帕拉，希望能碰碰运气改善生活。他找了一份当警察的工作，岗前培训时接触到了竞技赛跑，随后加入警局田径队。他的训练方式非常原始，没有任何技术含量，主要是因为乌干达根本没有任何现代化的跑道供他训练。阿基·布阿是四百米栏运动员，训练的时候，别的运动员都要小心计算步幅大小和栏架与栏架之间的落脚点，跨栏时也总是尽量用同一条腿，而他呢，才不管需要几步才能从一个栏架到另一个栏架，也无所谓左腿或是右腿，哪条腿近就用哪条腿跨栏，一切都顺其自然。代表乌干达参加一九七二年奥运会时，之前从未参加过任何国际赛事的阿基·布阿不被看好。决赛时，他被分配到了自己最不喜欢的赛道：第一道。这也正常，他来自乌干达，而乌干达从来不可能赢。

一九七二年九月二日，阿基·布阿离开慕尼黑奥林匹克体育场的起跑器向前猛冲，全乌干达没人知道他是谁。四十七秒八二之后，阿基·布阿成了国家英雄。刚刚结束的奥运会四百米栏决赛，阿基·布阿赢得了冠军。赛场上的他身姿矫健，全力追逐遥遥领先的对手，赶上他们，再把他们远远地抛在身后，让他们看着自己穿了两年的旧跑鞋无能为力。据传，他这双跑鞋上的鞋钉还掉了一个。阿基·布阿刷新了四百米栏的世界纪录，也为乌干达赢得了历史上第一块奥运金牌。赛后，他身披乌干达国旗，兴奋地绕着赛场跑了一圈以示庆祝，由此开创了田径选手夺冠后身披国旗绕场跑的先河，这一传统延续至今。

乌干达几乎没人能从电视上看到阿基·布阿比赛时的盛况，不过比赛刚结束没一会儿，乌干达广播电台就向全国播报了这条激动人心的消息。

“乌干达田径界的同仁们一直关注着约翰，也知道他取得的进步，可是对全国人民来说，田径运动远没有足球那么受人关注，所以几乎没人了解。”塔姆韦希基热说，他也是四百米栏选手，奥运会之后成了阿基·布阿的队友。“你光看他被排在第几道上就知道他是不是种子选手了，第一道可不是为冠军准备的。全世界都没觉得他能拿金牌。约翰后来跟我说，当时他的想法是：‘嗨，反正我一无所有，那就拼一拼看是什么结果吧。’”

四百米栏比赛三天后，来自以色列的十一名教练和运动员被巴勒斯坦恐怖分子残忍杀害，阿基·布阿立刻被全世界人民抛在了脑后，可是乌干达当时的总统阿明却保证了自己国家的人民始终把精力放在刚刚得胜的英雄身上。阿基·布阿凯旋之后，受到了阿明的亲自接见。阿明升了他的官，给他在坎帕拉最好的地段盖了栋房子，就连坎帕拉的一条主干道也被重新命名为阿基·布阿大道。阿明还宣布要建一座体育馆，名字就叫约翰·阿基·布阿体育馆。阿基·布阿的胜利令人惊叹，也给全乌干达人带来了一线曙光，让他们看到，原来，在国际大舞台上取得成功也不是那么遥不可及。

“约翰是一个伟大的榜样，”塔姆韦希基热说，“他总是喜欢鼓励同行，也喜欢激励那些水平不如他的运动员，这在顶尖运动员中可是不多见的。他取得的成就会激励所有乌干达人追随他的脚步，让梦想更加恢宏。”

之后的岁月里，阿基·布阿一直努力训练，想要重温旧日辉煌，虽然入选参加一九七六年蒙特利尔奥运会，也仍旧是四百米栏的热门人选，可是，就在奥运会开始之前，非洲国家宣布抵制本届奥运会，导致阿基·布阿失去了参赛机会。

阿明血腥执政期间，阿基·布阿部落里的很多成员都被杀害，他的家人有几次也差点被从阿明送的房子里赶走，还好阿基·布阿的名气保护了他和家人，全家人才幸免于难。一九七九年，阿明政权被推翻，虽然自己的三个兄弟都被阿明的军队杀害，可是阿基·布阿还是担心被人当成阿明的同党送进监狱，于是他逃到了肯尼亚，被迫待在难民营里。后来，他的跑鞋赞助商把他和家人从难民营里救了出来，带到德国。在德国待了几年之后，他又回到乌干达，重新干回了警察的工作。

一九九七年，阿基·布阿去世，享年四十七岁。阿基·布阿谦卑处世，谦虚做人，直到去世，他取得的成就才被世人重新记起。他的遗体安放在乌干达议会，供公众吊唁，他的葬礼也成了轰动全国的大事。

“作为体育界的明星，约翰在国家最需要他的时候去世了，他死得太早了。”塔姆韦希基热说：“跟他同时代的别国运动员们现在都活跃在本国体育界，不遗余力地为本国培养金牌得主而努力。约翰本应该带领我国奥林匹克运动走向辉煌，他本应该站在这里，跟广大青少年分享他拿金牌的经历来激励他们，可是他的去世让一切都化为了泡影。”

然而，在乌干达人民心中，阿基·布阿并未死去，他的名字总会在各个学校的操场被提起，他的名字也一直活在年轻跑者的心中。虽然有时许多人根本不知道他是谁，可是，大家在跑步前，总会轻唤他的名字祈求保佑。

“约翰赢得金牌之后，乌干达人就用‘阿基·布阿’这个词替换掉了‘跑步’，”塔姆韦希基热说，“到现在你还能听到有些孩子说哪个男孩‘阿基·布阿’了，其实就是说那个男孩‘跑了’。这是他的传奇。”

她能赢吗？乌干达的女人不可能赢的，不是吗？对许多乌干达男性来说，女人甚至都不该参加体育运动。可是，因兹库鲁的父母都是赛跑运动员，关于慕尼黑那神奇的一天，她从父母那里听了无数遍，早已耳熟能详。虽说阿基·布阿拿到奥运金牌的时候，因兹库鲁还要再过十年才会来到这个世界，可是，从小到大，她最崇拜的人就是阿基·布阿。因兹库鲁出生于阿鲁阿地区一个名叫武拉的小城，小城位于乌干达西北角一个不起眼的地方。她的父母一共育有六个子女，因兹库鲁是老大，她还有两个哥哥，都在童年时期夭折了。

因兹库鲁家境贫寒，以致她参加学校田径运动会时，因买不起鞋子而光脚跑完全程，可她还是赢了比赛。这个小姑娘敏捷矫健，勇猛直前，遥遥领先于其他选手，在赛场上像个跳舞的小精灵一样体态轻盈，身姿优美。只要是她参加的比赛，根本没有人能超越她。十几岁的时候，她的天赋被人发现，随后她来到了坎帕拉进行训练，跟大多数人一样，她也期望得到更好的生活。

在坎帕拉训练了一段时间之后，她不得不离开乌干达前往意大利，原因很简单：祖国没有专业的训练设备，没有专门的教练，也没有称职的陪练帮她备战高水平赛事。因兹库鲁最初选择的项目是五千米长跑，后来发现这个距离对她来说有点长。二〇〇三年的一天，她的教练建议她试试一项不同寻常的比赛，三千米障碍赛。该项比赛设有五个障碍架，其中一个栏架后面还有一个水池——大大增加了比赛难度。不过对因兹库鲁来说，她倒是挺喜欢全身被打湿的感觉。

二〇〇五年在芬兰赫尔辛基举办的世界田径锦标赛上，三千米障碍赛首次列入比赛项目。那时的田径界可能还没有意识到，默默无闻的因兹库鲁居然是水平最高的选手。没人知道她是谁，连她的名字在护照上都被拼错，以致后来每一个新闻报道描写她在三千米障碍赛决赛上追风逐电般奔跑的样子时，都写错了名字。因兹库鲁不在乎。她的姓，因兹库鲁，意思是“毫无尊重”。

塔姆韦希基热当时已经是乌干达田径联合会的主席。金牌争夺赛之前，他帮因兹库鲁把号码布别到胸前，问她：“你打算怎么做？”

“我会把她们抛在后面。”因兹库鲁说。

二〇〇五年八月八号，因兹库鲁离开赫尔辛基奥林匹克体育场的起跑线向前猛冲时，许多乌干达人才刚刚知道她的存在。九分多钟之后，多克斯·因兹库鲁成了国家英雄。

“平时大家在酒吧里看球赛，可是那天所有的酒吧都在转播着三千米障碍赛的实况，”戈弗雷·加利说，“人们从座位上站起来，高声叫喊着给她加油打气，气氛特别热烈。全坎帕拉的人都怀着极其热切的心情在观看这场比赛。”

塔姆韦希基热觉得自己应该是全体育馆最紧张的人。

“你如果是联合会主席，那就根本不可能老老实实坐着，”塔姆韦希基热说，“我带了一面国旗，放在了座位上，然后我自己跑到离跑道近的地方看她比赛。因兹库鲁一获胜，我就赶快找那面国旗，想把国旗递给她，结果居然找不到了。这场比赛实在是激动人心。她甩开其他选手一大截。她真的把她们抛在了后面。”

因兹库鲁喜欢领跑的感觉，所以比赛时她一直跑在最前面，以九分十八秒二四的成绩排名第一，比第二名快了整整两秒钟。赛后，因兹库鲁虽然没有身披国旗，她还是欢喜雀跃地绕场跑了一圈，此时离她的偶像阿基·布阿为乌干达赢得第一块奥运金牌，已过去整整三十三年。因兹库鲁的这块金牌也让她成为继阿基·布阿以来的第二个运动员楷模和榜样。相较乌干达，美国仅奥运金牌就超过一千个，乌干达的邻居肯尼亚也已赢得二十三块奥运金牌。

“颁奖的时候，因兹库鲁没有开怀大笑，反而流下了眼泪。她不敢相信这辉煌成就居然是她取得的，”塔姆韦希基热说，“也不敢相信国歌是为她而奏响。更让我没想到的是，国内居然这么快就听到了消息，而且大家的情绪居然如此激昂。他们给我打电话，问因兹库鲁什么时候回国，等航班一到就开始庆祝。我说：‘什么？她得先去其他地方训练呢。’他们说：‘不行，她得先回国。’”

乌干达政府包了一架飞机把因兹库鲁接回家。大约有一万人喜气洋洋地等候在恩德培机场，迎接因兹库鲁的凯旋。十二辆摩托车组成的车队在前边开道，因兹库鲁坐在后边的奔驰敞篷汽车里，车队慢慢载着她从恩德培机场开往坎帕拉。三十公里长的路，两边站满了欢天喜地的欢迎人群，车队行进缓慢，用了五个小时才走完。因兹库鲁的车旁，有个兴高采烈的年轻人一直跟着跑完了全程。车队开遍了坎帕拉的大街小巷，让因兹库鲁跟更多欢呼的人群见面，随后来到议会参加专门为她举行的庆祝会。最后，因兹库鲁还受邀与总统共进晚餐。

“跟阿基·布阿一样，因兹库鲁也成了名震全国的英雄，”加利说，“现在学校里教数学的时候，老师会说：‘假设因兹库鲁每小时跑十公里，那她跑完五十公里需要花多长时间？’”

因兹库鲁成了著名的“阿鲁阿瞪羚”。二〇〇六年的英联邦运动会上，她再次获得三千米障碍赛的第一名，之后，成绩因伤痛而下降。紧接着的两年，她怀孕，生子，直到最近[1]才复出，为参加高水平比赛做准备。

“这么多年以来，整个乌干达社会都对女性参加体育运动持否定态度，在他们眼里，体育是男性专属。对顶尖的女性运动员来说，世人可能会钦佩她们取得的成就，可是却不认可她们在家庭中的作用，因为她

①编者注：本书采访于二〇一〇年九月至二〇一一年八月。

们偏离了社会给她们安排好的既定轨道。”塔姆韦希基热说，“因兹库鲁改变了大家对女性运动员的看法。她是全体女性的骄傲。因为她，乌干达再也没人觉得女人不能投身体育运动。”

“因兹库鲁激励了广大女性的内心，鼓舞了她们的斗志，”乌干达国家体育委员会秘书长说，“夺冠之后，各个学校都想邀请她去做讲座，让她用自己的亲身经历告诉大家，就算你出身贫寒，只要努力，也能成为冠军。因兹库鲁成了‘冠军’的代名词，她也许是个微不足道的女性，却受到了全乌干达人的景仰。”

她可能会赢吧。因兹库鲁让她相信自己能赢。关于因兹库鲁，菲奥娜知道的不多，可是这个名字却如雷贯耳。乌干达每个人都听说过阿鲁阿瞪羚。菲奥娜知道，因兹库鲁是乌干达水平最高的女性运动员，也知道因兹库鲁跟自己一样出身卑微，曾经一无所有，曾经备受歧视。

“我知道她代表乌干达参加跑步比赛，成了世界冠军，”菲奥娜说，“她对我的激励真的特别大，因为我知道她过去的生活背景跟我现在一样，所以每次想到她，我就备受鼓舞。她能做到的事，我也能做到。”

二〇一〇年十二月，参加在坎帕拉卢戈戈体育中心举行的鲁瓦布舍恩伊纪念杯国际象棋联赛前一天，菲奥娜就想到了因兹库鲁。一年一度的联赛吸引了乌干达所有顶尖棋手齐聚一堂，参加这场持续三天的盛会，每个选手都要在这漫长而疲惫的三天里下七盘棋。该项比赛的冠军头衔是在乌干达举行的所有国际象棋比赛中最让大家梦寐以求的称号。而对菲奥娜来说，参加过在俄罗斯举行的奥林匹克团体赛后，日复一日与世界最顶尖高手对弈的经历锤炼了她的棋艺，也提升了她的自信，这次比赛成了她回到卡推之后，第一次向大家展示自己棋艺的平台。

“我不觉得自己能拿这次比赛的冠军，”菲奥娜说，“因为那些大姐姐都要参加这次比赛，而且她们都跟我说她们用电脑训练下棋，可是我呢，只能跟象棋项目里的朋友们一起切磋。”

赢了第一局比赛之后，菲奥娜发现第二局的对手是跟她一起参加奥赛的队友——丽塔·恩苏布加。

“我跟菲奥娜下棋时得非常集中注意力才行，不知为何，我总担心自己会忍不住想向这个小姑娘投降，”丽塔说，“记得刚开始我在这一局是占优势的，因为我把全部精力都投入了进来，所以整盘棋都掌控在我手中。她也看了出来。”

菲奥娜承认跟丽塔对弈的时候自己处于劣势，所以一开始她差点放弃。“我记得比赛一开始丽塔就占据了有利形势，”菲奥娜说，“到中局时不管我怎么努力，都没办法改变局势，说实话，我那会儿都绝望了。于是，我从座位上站了起来，瞅了瞅跟我一起来参加比赛的其他伙伴的情况，有的也处于下风，可是因为大家约好了，这次比赛不仅仅是重在参与，更要与人竞争，所以大家都很拼。于是我也坐了下来，继续绞尽脑汁想出路。幸运的是，后来我终于转败为胜。”

丽塔说：“我无意中碰到了一个本来不想移动的棋子，可是根据规定，我必须走这个子，于是菲奥娜就赢了这局比赛。我犯了太多愚蠢的错误，让菲奥娜把握住了机会，赢了比赛。她很兴奋，可是我特别难受。这局比赛本该我赢的。感觉真不好。太痛苦了。”

那天下午，菲奥娜发现自己的对手是艾维·阿莫科。艾维跟她一起参加了奥赛，在团队中排名第一，也是当时乌干达的女子国家冠军。从比赛一开始菲奥娜就怯场，还没下一会儿，她又想放弃。“她从开局就占着优势呢，干吗要想着放弃？”艾维怀疑地说，“我才是一败涂地，搞得我自己都不知道到底是哪一步走错了。菲奥娜把我打得毫无招架之力，就跟我已经十年没摸过象棋一样。”

第二天上午，菲奥娜的对手是戈雷蒂·安戈利琴，又一个曾经让菲奥娜害怕的强劲对手。可是，不管菲奥娜知不知道，她可不是棋局上唯一一个害怕对手的人。“说实话，我挺怕她的，”戈雷蒂说，“菲奥娜有专门的教练，她参加的训练也比我多，我感觉她肯定能赢我。下棋的时候，你要是一害怕对手，那结果肯定好不了。”

跟之前一样，一面对戈雷蒂的强势开局，菲奥娜就开始打退堂鼓。“就在那时，我突然看见罗伯特教练走过来看我下棋，想起他之前提醒过我们，不管怎样都不能半途而废，所以我一看见他，我就不敢再有投降的念头。”菲奥娜说，“想起跟教练的约定，我突然又有了勇气，于是，我对自己说：‘好吧，继续努力吧。’”

下到残局时，两人还是不相上下，这局比赛估计要和棋。可是，戈雷蒂不小心犯了一个非常小的错误，结果就被菲奥娜把握住了机会，赢了比赛。这是戈雷蒂在本次联赛中输掉的唯一一局比赛。

比赛进行到这个阶段，卡滕德发现菲奥娜的水平达到了学棋以来的最好状态，如果剩下三局她依然能保持强劲势头的话，那么她很可能就是本次比赛的冠军了。这个念头他也只是自己想想而已，没有跟菲奥娜说，因为他知道，菲奥娜从来不会想到这一点，也从来不会想得那么长远，要是提前把这个想法灌输给她，结果可能适得其反。

下一局比赛，菲奥娜的对手是格蕾丝·基热尼。“她轻轻松松就打败了我，感觉挺尴尬的，”格蕾丝说，“她这局下得特别好，我当时就想：‘这个姑娘下棋水平高超，人也自信。这已经不是跟我一起参加奥赛的那个小姑娘了。’”

那天傍晚，菲奥娜轻松打败琼·纳基穆里，赢得了第六局。直到本轮比赛全部结束之后她才知道，这个胜利让她稳坐本届联赛的冠军宝座。听到卡滕德告诉她这个好消息，菲奥娜还是一如往常缄默，就算是伊凡、本杰明、塞缪尔，还有许多从卡推来的伙伴兴奋地跑来向她贺喜，她也只是被他们哄得羞涩一笑。从“童之队”时代起，卡滕德项目里的孩子们就形成了惯例，一人获胜，等于全队都获胜。至于菲奥娜是否高兴，卡滕德说他一时真估量不出，直到走出赛场，看到正走着路的菲奥娜突然一跃而起，他才明白她内心的激动与开心，因为这已成了菲奥娜取得重大胜利之后的标志性动作。

虽然已经赢得冠军头衔，可是前方还有一个更大的挑战在等着菲奥娜。最后一轮比赛，菲奥娜要跟克里斯蒂娜·纳马甘达对决。当时就是因为看了克里斯蒂娜的比赛，卡滕德才产生了培养自己的冠军的念头。卡滕德从来没有告诉过菲奥娜这件事，不过克里斯蒂娜丰富的夺冠经历菲奥娜早有耳闻。比赛还没开始，她找到卡滕德，说：“教练，我特别紧张。那个叫克里斯蒂娜的姑娘太强了，她的经验也比我多。”

卡滕德想尽办法安慰她，提醒她别忘了，她自己在奥赛上跟更强的对手下了那么多局，经验也很丰富。没想到的是，比赛马上就要开始，克里斯蒂娜居然走过来问菲奥娜愿不愿意接受和棋，她说看到菲奥娜之前六局下得那么精彩，自己一点都不想跟她对局。菲奥娜征求卡滕德的意见，卡滕德坚持让她和克里斯蒂娜下这盘棋，积累些经验，不过他还说因为她已经是冠军，不需要再多赢一局，所以比赛中间可以接受和棋。菲奥娜开局强势，克里斯蒂娜一下子就落了下风，中局时克里斯蒂娜提出和棋，为了保全克里斯蒂娜的面子，菲奥娜接受了和棋。菲奥娜突然没有了对手。

“按说像她年龄这么小的姑娘不应该在这届联赛上拿冠军的，”丽塔说，“可是我们都犯了很愚蠢的错误，她就利用这些机会打败了我们。你要是了解菲奥娜的背景，就知道她的出身跟我们所有人都不一样，所以，看到她赢得比赛，大家都发自内心地为她高兴。”

“也许其他人会吃惊菲奥娜这么小就赢了这次比赛，可是我们这些了解她的人一点都不意外，”格蕾丝说，“这是她应得的。”

第一次，菲奥娜当之无愧地成了全乌干达国际象棋水平最高的女子棋手。第一次，她把对手抛在了后面。

生命中的头十三年，她是别的什么人，她的名字叫非奥那（Fiona）。哈丽特给女儿取好名字之后，从来没有把名字拼出来过，所以，等女儿上学开始学写字时，她就按照读音把自己的名字拼成非 - 奥 - 那。上到小学四年级（P4）那一年，她有个同学的名字发音跟她一样，可是写法却不同，那个同学名叫菲奥娜（Phiona）。她搞不明白为什么听起来一样的名字写法会不一样，所以她还是继续把自己的名字写成“非奥那”。去苏丹参加国际象棋锦标赛之前，她看着自己新办下来的护照，发现了问题。护照申请表是戈弗雷·加利帮她填写的，填的时候根本就没想着问问她名字该怎么拼。加利认识一个名叫“菲奥娜”的人，所以在申请表上就填上了这几个字。非奥那拿到护照时，注意到自己的名字被拼错了。卡滕德告诉她从那一刻起，她的名字的第一个字必须是带草字头的“菲”，否则以后每次需要用护照识别身份时，她就会遇到各种意想不到的麻烦。所以，非奥那变成了菲奥娜，由不得她不同意。

菲奥娜不是非奥那。菲奥娜与非奥那渐行渐远。

萨迪斯还记得二〇〇六年第一次见到菲奥娜的情形。那天，他来到卡滕德的象棋项目参观，要卡滕德指给他看，哪些孩子的棋艺明显要高于其他人。那时，已经十岁的菲奥娜从四岁起就没怎么在学校待过。她讲的是卢干达语，既不认字，也不会写字。她不会说英语，只能用英语拼写出自己的名字和其他几个屈指可数的单词，也只能听懂最简单的几个短语。

“第一次见她的时候，我以为看到了她长什么样，但只看到了她的头顶。她一直低着头，根本不敢看我。”萨迪斯说，“罗伯特一直在翻译，所以我想着她肯定是说了些什么话，不过我可没听到她的声音。我一下子就记住了这个极其内向的小姑娘。直接问她问题她倒也会回答，不过她的回答永远都是简单明了，让人觉得她巴不得你什么都别问她。大多数乌干达人都喜欢跟别人有身体上的接触，动不动就拍你的肩膀，可是她对这些似乎也是能免则免。后来，我又去了几次，她表现得越来越好，越来越自信。她的自信不仅体现在棋艺上，更体现在日常中。”

初跟菲奥娜接触，萨迪斯就发现她对其他孩子特别体恤和关心。每天一到象棋项目，其他棋手都是直接走到棋盘前开始下棋，她却先去照顾比她年龄小的孩子们。确保这些孩子都到了之后，她就会坐下来教她们如何走棋。她总是自告奋勇帮大家煮粥，要是没轮到她，她就会向熬粥的人表示感谢。按照卡滕德的建议，菲奥娜每次离开象棋项目时都会向所有帮过她的人表示感谢。

从这个女孩身上，萨迪斯看到了自己的影子。跟他一样，菲奥娜也是通过体育运动脱离了既定的生活轨道。跟他一样，菲奥娜也终日在理想与现实的夹缝中苦苦挣扎。跟他一样，面对重重障碍，层层阻隔，菲奥娜始终被一个念头所激励：前方也许有着不一样的生活。菲奥娜从苏丹回来之后跟他见面的情景，他记得尤为清楚。眼前的菲奥娜，自信程度已不可同日而语。

“她身上散发着一种前所未有的激情与活力，这种激情与活力都是在竞争中培养出来的。”萨迪斯说，“我问她：‘你这次旅途愉快吗？’她告诉我：‘当然，我们赢了。’虽说她答非所问，可是我喜欢她的回答。”

那一刻，菲奥娜已经彻底把象棋当成了她真正的使命。“我全心全意地热爱象棋，”菲奥娜说，“要是一个人全心全意地爱着什么，就会带来很多意料之外的惊喜。要不是因为会下象棋，我不可能有出国的机会。我本来没钱上学，可是因为象棋，我又有学上了。要不是因为象棋，我也不可能认识罗伯特教练，更不可能认识那么多其他人。因为我全心全意地热爱象棋，这些本不可能的一切全都成为可能。”

“对于贫民窟的孩子们来说，生存的本能要远大于个性的发展，”萨迪斯说，“可是菲奥娜的难得之处在于，虽然她长在卡推，可是她并没有把身边发生的一切都当成理所当然。她看着苦难发生，默默承受苦难带来的后果，又从苦难中不断成长。虽然贫民窟每天都有层出不穷的可怕事情，也许其他小伙伴早已习以为常，可是，这些苦痛却深深触动了她的心弦，她总是感同身受。她的心思特别细腻，时刻关注着别人所思所想，我想这种特性对她下棋时应该帮助很大。”

卡滕德把菲奥娜的转变归因于她在宗教中找到了自我。“宗教信仰到底对她产生了多大的影响，这很难说，因为根本没有衡量的指标，”卡滕德说，“就像你根本不可能知道屋外是否在刮风，除非看到有东西被风吹起。我们需要看到的是宗教对她行为的改变。我可以很肯定地说，菲奥娜过去可不怎么虔诚，你光看她那时怎么跟人吵架，怎么用难听话、脏话骂其他孩子就知道了。可是现在我敢说她是彻彻底底地痛改前非了。她的行为举止与加入项目前完全不同，有时候你会发现她真的很优雅。”

菲奥娜每天都会做礼拜，有时在学校的教堂礼拜，有时在母亲常去、离家也近的教堂礼拜。她的个人财物只有寥寥几件，其中就有一小本皱皱巴巴的《圣经》，不管到哪里她都会随身携带。虽说现在她还不太清楚宗教信仰对她的生活到底会产生什么样的影响，可是她相信上帝。

“得到救赎对我的帮助特别大，因为有时我会遇到各种各样的难题，我就向上帝祈祷，上帝就会把我从困难中解救出来。”菲奥娜说，“记得有一次我差点儿病死，临死前一个牧师来看我，我向他忏悔，第二天我的病就好了许多。又过了没几天，我就痊愈了。所以我感觉当一个再生基督徒对我的帮助真的很大。我感谢上帝让我活了下来。”

二〇一一年一月，菲奥娜的故事刊登在了美国娱乐体育节目电视网（ESPN）的《ESPN 杂志》上。在那之前，菲奥娜的不凡成就只有象棋项目和超越体育基金会的人知道。虽说国际象棋在乌干达并没多少人关注，可是突然间全国人民都从菲奥娜的故事中看到了奇迹。

故事发表之后，乌干达国家体育委员会把对国际象棋的拨款从两百万先令增加到每年五百万先令，而且还承诺会继续加大对该项运动的扶持力度。

戈弗雷·加利说：“故事发表之后，乌干达本土媒体都问，‘这个人是谁？我们都没听说过她。’他们都跑来找我，要采访我。国际媒体也都蜂拥而至。菲奥娜的故事从此走向了世界。体育部的官员们也问我，‘这个孩子到底是谁？这是什么时候发生的事？这一切是怎么发生的？我们还不知道象棋居然这么流行呢。’”

“通常大家都把国际象棋当成室内运动，”时任乌干达教育和体育部部长的塔姆韦希基热说，“所以观看的人特别少，基本上国内的报纸也不会报道这类消息。可是菲奥娜就能做到让媒体都来关注国际象棋。现在她要做的就是增加曝光度。如果媒体开始关注国际象棋，经常报道跟象棋有关的内容，那么整个社会就会关注这项运动，国内的学校就会重视这项运动，学校的女孩子们就会知道这项运动。在我们国家，大家不太爱阅读，所以，要想让大家都知道这个年轻女孩的光辉事迹，得靠电子媒介的传播，得多多利用收音机和电视进行宣传。我们只需要让镜头聚焦在菲奥娜身上，随后的事情就水到渠成了。”

“菲奥娜的故事让我想起另外一个也不知是什么地方的十几岁女孩。”乌干达国家体委秘书长阿利加韦萨说，“我相信菲奥娜可以成为另一个因兹库鲁。要是这个女孩参加国际赛事也拿了金牌，那她也能轰动全国。别忘了，田径跟足球比起来也没那么流行。以前我们要是组织一场田径比赛，不收门票都不一定有人来看，可是因兹库鲁拿金牌之后，大家都跑到大街上热烈欢迎她归来。随便你问任何人：‘谁是因兹库鲁？’他们会回答：‘阿鲁阿瞪羚。’说不定以后你要是问：‘谁是菲奥娜？’他们会回答：‘卡推女王。’”

二〇一一年春天，正在上网的阿古图偶然看到伦敦《卫报》的网站上登载了一篇文章，讲的正是菲奥娜·穆特希。这篇文章是ESPN那篇文章的后续报道。阿古图跟丈夫和两个儿子住在坎帕拉的富人区，小区名叫纳尔亚庄园，是个封闭式小区。阿古图给坎帕拉的日报《新景报》打电话，询问他们有没有听说过菲奥娜这个人。《新景报》正在跟踪报道菲奥娜的职业生涯，有个记者就把卡滕德的电话号码给了阿古图。她给卡滕德打电话，告诉他自己有两个儿子，一个是十岁的斯蒂芬，一个是七岁的塞缪尔，她一直想让这两个儿子学国际象棋，不知道菲奥娜有没有兴趣教他们。阿古图说她可以把儿子们带到卡推来上课，可是因为他们从没有来过卡推这样的地方，卡滕德担心，万一他们看到菲奥娜的居住环境会让菲奥娜尴尬——很可能会影响到她的教学效果，于是提出让菲奥娜去阿古图家教他们。

一个星期之后，趁着学校放假，菲奥娜坐着出租车来到了七公里之外的新世界。她走进的这个家庭，有着崭新的平板电视，孩子们的房间跟她家的棚屋一样大，卫生间整洁明亮，坐便器上装饰着米老鼠的贴纸。院子里有个树屋，站在树屋里可以看到坎帕拉的全貌，当然，这个全貌不包括位于低洼处的卡推。

“通常，贫民窟的孩子们连纳尔亚庄园这种小区的大门都进不去，”卡滕德说，“可是菲奥娜为大家推开了一扇门，让不同阶层的交流成为可能。”

“我们看中的是菲奥娜的实力，”阿古图说，“重要的是她懂得什么，而不是她从哪里来。”

每到学校放假，差不多有十几个住在纳尔亚庄园或附近小区的孩子都要学国际象棋。于是，菲奥娜就带着象棋项目里渴望走出贫民窟的棋手们，一起去教这些孩子学棋，而报酬只是来回路费。

菲奥娜先教他们走兵。然后是车。再然后是象。这跟她之前学棋的方式如出一辙，她这样跟格洛丽亚学，格洛丽亚这样跟本杰明学，本杰明这样跟伊凡学，伊凡这样跟卡滕德学。课程设置一模一样。实际上，就连“愚者自将”这样的把戏她都教了，斯蒂芬因此耍了塞缪尔好几次，直到菲奥娜教塞缪尔如何应对。

“菲奥娜会给我们讲她去苏丹和俄罗斯的经历，讲她在这两个国家跟来自全世界的棋手下棋，还能打赢他们。我都惊呆了。”斯蒂芬说，“我当时就想，‘她是怎么做到的？’报纸上关于她的报道铺天盖地，现在她可是乌干达的名人。再想想她生活的环境，真的特别激励我。我知道她是乌干达水平最高的女棋手，有这样的老师真是我的幸运。”

上初中以后，菲奥娜在学校也成立了自己的非正式国际象棋项目，教二十个女同学下棋。国际象棋在学校里越来越流行，以致菲奥娜的老师阿比上课之前，必须要把学生的棋盘没收，否则她们就会在上课时偷偷摸摸地下棋。

“我对菲奥娜的印象就是，她的号召力特别强，自从她在学校开始教大家下棋，学棋的女生人数每天都在增长。”阿比老师说，“这些女孩子知道国际象棋把菲奥娜带出了国门，去了不同的国家，很多人对这个更感兴趣。有时候孩子们一听说好事发生在跟自己有关联的人身上，他们自己就会受到鼓舞。大家都以菲奥娜为傲。”

菲奥娜的故事在国外报道之后，她收到了来自世界各地的来信，跟许多人成了笔友，其中就有一个名叫戴米恩·科皮奇的美国人。科皮奇因过失杀人罪正在纽约州奥尔登镇的温德监狱服刑。读过菲奥娜的故事之后，科皮奇就跟菲奥娜联系，两人开始通过邮件下棋。他给菲奥娜寄了三本象棋教程，还有一张金额为二十五美元的支票，卡滕德给菲奥娜开设了她人生中第一个账户，把钱存了进去。除此之外，科皮奇还给菲奥娜写了一封信。

亲爱的菲奥娜：

非常开心收到你和你的教练的信。我还以为不可能收到回信，所以，看到你给我的信，我兴奋得开怀大笑！

你的信是我收到的第一封来自故乡的信。给你和罗伯特写信，不单单是因为我也学棋，还因为我是你们漂泊异乡的兄弟。多年以前，我的祖先从故土被卖到这里，作为他们的后裔，我很开心能作为你们的朋友和兄长重新跟故乡的人建立联系。谢谢你同意跟我下棋。象棋的一切都让我着迷。在我的牢房里，我有一个小小的象棋书库，还有两套塑料棋具。我八岁的时候，父亲教我下棋，自此就迷上了这项运动。现在我已经三十四岁，监狱里没人能下得过我。

不要担心我会打败你。我看了关于你的报道，上面可是说你逼得所有人都节节败退，直到无路可退，他们只有投降！

我再有六年半就出狱了。进监狱是在一九九七年。当时我还年轻，生活很艰难，一次我不小心拿了把上膛的枪，枪走火了，射中了我最好的朋友，杀了他。

每天我都希望他能死而复生。每天我都希望时光能倒流。每天我都躲在错综复杂的棋局里，虔诚的祈祷里和冥想中，以逃避这些痛苦的想法。监狱生活就像有着多个维度的棋盘，每一天都障碍重重，挑战无限。一不小心就会失控，就会攻击。可是，跟下棋一样，有时候克制和约束比攻击更能取得战略优势。在监狱里，最好的局势就是走出监狱大门，再也不要回到这里。所以我尽力克制自己，不去招惹是非。我的国王（我自己）大部分时间都待在城堡（我的牢房）里，远离棋盘中部，因为那里游荡着太多有勇无谋的小兵。

非常感谢你对我伸出援手。

保重

戴米恩

菲奥娜说她非常理解科皮奇。他们都身处悲惨的环境中，也都不甘示弱，与生活中的厄运苦苦搏斗。就卡滕德看来，菲奥娜到现在才开始意识到，她的故事居然能给其他人的生活带来积极正面的影响。

“我认为，菲奥娜对于自己取得了多么了不起的成就，是知道的，因为她会把现在的自己跟过去的自己进行对比，”卡滕德说，“她骄傲自己能上完小学。她骄傲自己开始用英语对话。虽然生活中还有数不清的创痛，虽然在学校里她还是一无所有，可是她仍旧保有自尊。其他学生不会直接来跟她说话，但是他们知道她的辉煌。他们会窃窃私语：‘看，这就是那个女孩。’这让她更加自信。她或许没钱去食堂吃饭，可是大家看她的眼神就好像她是个英雄一样。即便如此，从她自己的角度出发，她还没有实现想要达到的目标。她真的特别努力。无时无刻不在进步。”

“我从没觉得我是国内水平最高的女子棋手，”菲奥娜说，“那样的想法会阻碍我成长。一旦我认为自己水平最高，那我就再也无法进步了。所以，我从来不敢有那样的想法。训练的时候，我就假设自己从来都没得过冠军，这样我就能继续练下去。”

卡推这样的地方，就算有人取得了成就，这人也不会到处吹嘘，闹得人尽皆知。因为这里几乎没人能做出什么成就，所以一点风吹草动都有可能被人觊觎。大家要是想庆祝什么，那最好还是不让人知道的好。二〇一〇年，菲奥娜即将上小学七年级，需要填写一张表格，有一项是出生日期。她问了母亲。也问了布莱恩。当然，没人能告诉她答案。她又不想把这一栏空着，于是填上了三月二十八日，把这一天当成她的生日。原因很简单，上小学五年级（P5）的时候，英语老师为她们班的同学组织了一场派对，那天正好是三月二十八日。“那天在我生命中留下了美好的回忆，所以就把那天当我的生日了。”菲奥娜说，“二〇一一年的三月二十八日，我十五岁了。当时正好放假在家，我就把邻居家的孩子们召集到一起，给大家分了些糖果，就算庆祝生日。这样的话，这一天也算过得与众不同。”

国际象棋虽然给菲奥娜的人生带来了许多积极正面的影响，可是，现在的她跟菲奥那时代的她比起来，遭受的痛苦并无二致。二〇一〇年十月，菲奥娜刚参加完奥赛从俄罗斯回来，发现家人再次被房东赶出家门。哈丽特欠了两个月的房租，等到房东发现居然有从美国来的姆宗古到了哈丽特家，还带着相机和笔记本，就一口咬定哈丽特肯定有钱。哈丽特再三跟房东说自己没钱也没用，一家人都被赶了出来。用奥赛组委会发的奖金，菲奥娜帮家人重新租了一座棚屋，一家人才安顿下来。

靠着波普奖学金的资助，菲奥娜去了一个名叫圣 - 姆布加中学的寄宿学校上初中，平时住校，只在假期回家住。每一天，因为饥饿而绞痛的肠胃和弥漫在满校园的恶臭都在提醒着她，生活的悲哀与困顿依然如故。她还是那个生活在卡推贫民窟的孩子，每天都被残酷的现实层层重压，一不小心就可能沉沦。

太多障碍了。

乌干达有一个流传很广的故事，讲的是一个姆宗古和一个在湖边钓鱼的乌干达人的故事。那个乌干达人钓到一条鱼，把鱼烤熟，吃了它，然后躺在了阴凉怡人的大树下开始休息。姆宗古问他："你干吗不多钓些鱼，把鱼卖掉挣些钱呢？"

"然后呢？"乌干达钓鱼人问道。

"你有了钱，就能开始做生意了。"姆宗古回答。

"然后呢？"

"你做生意挣了钱，就能给自己盖个大房子了。"

"然后呢？"

"你会很有钱，就可以休息了。"

"要是最后的目的是休息，我干吗要干那么多活？"那个乌干达人说，"我现在已经在休息了。"

菲奥娜要跟整个乌干达对抗，要跟各种负面的情绪对抗，不管是懒散还是绝望，这些情绪都拖着她，拽着她，把她包裹得严严实实。她要对抗的国家是个自相矛盾的地方，土地肥得流油，不管什么都长得疯狂，长得肆虐，许多乌干达人整天的任务就是砍掉密密匝匝的野草，可是不管砍掉多少，很快就又长回来。然而，就是这样一片土地，却喂不饱生活在这里的人民。她还要跟国家严重的通货膨胀对抗，因为象棋生涯的发展离不开国家的资助，所以乌干达未来的经济走势跟她的前途息息相关。有史以来第一次，"就在那儿"之外的世界正在发生的事情对她意义重大。

乌干达的未来掌握在穆萨韦尼手里。内战时，他曾经在卢韦罗三角的丛林里保护过卡滕德和他的外婆，后来当上了总统。跟乌干达所有的总统一样，靠政变上台的穆萨韦尼，现在也饱受叛乱困扰。乌干达内战频仍，民众苦不堪言。二〇一一年，乌干达政府不得不请美国派出特别顾问到乌干达，帮助政府军对约瑟夫·科尼和其上帝抵抗军的穷追猛打，直至把这个叛军团伙送上审判席，他们在过去二十五年里犯下滔天罪行。

“有时候，想到乌干达的未来，我就想哭，”卡滕德说，“这也是我选择把全部精力放在孩子们身上的原因。想要打破贫穷的链条，唯一的办法就是寄希望于孩子们。对成年人来说，一切都太迟了。我们束手无策，只能等待上一代人退出人生舞台，再从下一代开始改变。”

乌干达前总统阿明及其继任者把乌干达的经济破坏殆尽，直到现在，经济都还没有恢复元气，所以，阿基·布阿和因兹库鲁经常得跑到国外，去那些设备更先进的地方训练。乌干达的邻居肯尼亚每年都能在国际赛事上拿金牌，而自己国家除了阿基·布阿和因兹库鲁拿过两块金牌之外，这么多年，在任何体育比赛上都没再拿过金牌，这让乌干达人尤其恼火。在所有体育运动中，乌干达人最崇尚足球，可是，国家足球队却从来没有踢进过世界杯。这个国家，迫切希望得到国际社会的认可，以至于许多乌干达人开始怀念阿明当政的日子，至少阿明的狂妄自大让全世界聚焦乌干达，不管是在运动场上，还是在日常生活中。

“阿明将军，在我国历届总统当中，最为注重推动体育发展，虽然他并未因此而出名。”塔姆韦希基热说，“回顾一下乌干达的体育运动史，就会发现二十世纪七十年代是我国的体育运动最为辉煌的年代，因为我们有稳健发展的体育教育，要是运动员在比赛中崭露头角，后续的一系列训练就会跟上。跟其他非洲国家相比，那时的我们绝对是体育界的领头羊，可是后来，其他国家继续发展，而我国的整个体系却被打乱，往日的辉煌再也没有重现。”

“现在的总统真的要好好了解一下体育的重要性，这样我们才能得到更多资金支持。”戈弗雷·加利说，“对穆萨韦尼来说，体育运动什么都不是，只能算是业余爱好。就是个消遣。我记得有一次他说，乌干达要把全部资金放在修建道路和医院上。体育运动对他来说无关紧要。其实体育对民族自豪感的提升意义重大，可是他看不到这一点。”

因为缺乏经费，乌干达的象棋选手几乎没有机会参加在国外举行的各类锦标赛。就算是在本土举行比赛，选手的报名费、交通费和食宿也需要大笔资金，而象棋联合会根本就负担不起这么多开销。二〇一一年九月，菲奥娜取得了参加在莫桑比克举行的全非运动会的资格，可是一直没筹到钱，所以她被迫放弃了此次比赛。过去的两年里，菲奥娜回绝了非洲各个国家让她去参加比赛的邀请，就算是在国内的比赛，因为旅费太贵，她也没钱去。二〇一〇年的国家青少年锦标赛没有举行，原因就是乌干达国际象棋联合会没钱举办。

“乌干达的国际象棋在非洲曾经非常厉害，”前乌干达国家队教练齐伦布奇博士说，“有段时间，我国的国际象棋水平在整个非洲大陆排名第三，只有埃及和突尼斯的实力比我们强。可是现在，博茨瓦纳、赞比亚、津巴布韦和南非都超过了我们。这些国家也都有自己的国际特级大师。我们被远远地甩在了后面。”

“我们天天都在挣扎，”现任国家队教练奥科斯说，“没有必要的设备和场地，就跑到一个破旧的网球俱乐部练棋。许多学校同意我们去教学生下棋，可是我们却没有装备。连棋盘都没有。”

“在乌干达，我们训练棋手的方式既粗糙又粗浅，”加利说，“教练人手不够，所以孩子们就自己练，下完之后再有人点评哪一步走得好，哪一步走得不好。”

怪不得乌干达两个最出名的运动员都是赛跑运动员，跨越重重障碍。在乌干达，你只能不停奔跑，跨过一个障碍，再冲向另一个障碍。阿基·布阿和因兹库鲁最后都不得不逃离祖国，现在的问题是，菲奥娜是不是也得离开乌干达才能在国际象棋上充分发挥她的潜能？

乌干达水平最高的棋手斯蒂芬·卡武马现在生活在英格兰。斯蒂芬的父亲梅迪是乌干达国际象棋联合会的创始人之一，三个儿子的象棋都是他教的。卡武马夫妇给孩子们买了各种象棋教程以供学习，通过从书中学习各种知识，斯蒂芬成了乌干达顶尖棋手。斯蒂芬是国际棋联大师，从二〇〇〇年开始就参加国象奥赛，可是表现总是不尽如人意。只要是在乌干达举行的比赛，他都参加，有时也在网上跟人下棋，通过这种方式，他的棋艺不断精进。可是跟所有在他之前的乌干达棋手一样，他也没有一个正规教练。许多棋手都认为，要想成为国际特级大师，必须要有国际特级大师教你才行。这在乌干达根本不可能。

“我们之前的教练齐伦布奇博士曾经在俄罗斯训练过，可是他已经把他所知道的全部教给了我们。”斯蒂芬·卡武马说，“要达到下一个水平，我们需要国际特级大师的指导，至少也得是个国际大师才行。他要能够坐下来和我们一起分析每盘棋，再给我必要的提点。多年以来，乌干达的顶尖棋手都是各自为政。今天我读这本书。明天我读那本书。知识储备是够了，可是这些知识太过杂乱，不够系统。这样的学习和训练是不足以应对世界顶尖棋手的。我现在二十九岁了，可是我的下棋水平还停留在十年前。”

斯蒂芬在英格兰南安普顿的一家工厂做制冷工程师。没有经费资助，国际象棋对他来说基本上已经成了一种爱好，只是他生活中非常微不足道的一部分。他可以到离家七十五公里以外的伦敦找个国际象棋教练陪他训练，可是学费是每小时五十英镑。有个住在美国的国际特级大师愿意在线指导他，但是斯蒂芬得考虑以后的发展。把精力和金钱全花在国际象棋上，他到底能坚持多久？

“国际象棋要耗费大量的时间，”斯蒂芬说，“就我现在的情况，根本找不出时间下棋。再加上我已经结婚，按照惯例，只要一结婚，那你的棋艺肯定得下降。我不后悔。我很开心自己已经结婚，有了一份好工作。”

虽然国际棋联大师已经是乌干达人能得到的最高头衔，可是斯蒂芬说他还需要达到下一个级别，也就是国际大师的头衔，才有可能定期获得资助去参加各类锦标赛。除了国象奥赛，他几乎没有参加过任何国际棋联组织的比赛。他倒是参加过各个俱乐部组织的锦标赛，可是这些比赛对他的积分一点帮助也没有。现在他的水平已经快允许他把国际象棋当职业，他却已经开始怀疑自己是否有动力和资源继续往上攀登。

斯蒂芬的哥哥摩西曾经是乌干达水平最高的棋手，也离开乌干达来到了英格兰。跟斯蒂芬一样，摩西也是国际棋联大师，可他意识到自己成为国际特级大师的梦想几乎不可能实现，因此，他基本上就不再参加比赛，只是偶尔在网上下下棋打发时间。摩西曾经指导斯蒂芬下棋，可是也没办法引领弟弟更上一层楼。

斯蒂芬的弟弟帕特里克二十岁，从两个哥哥给他铺就的道路中受益匪浅。他们给他买象棋教程，给他买电脑软件，把他的水平训练得跟他们一样高超。现在帕特里克虽比两个哥哥低一级，是候补大师，但斯蒂芬认为帕特里克的实际水平已经跟自己一样，只要训练得当，再多参加一些比赛，要不了几年，帕特里克就能成为国际大师。

“乌干达最好的棋手都跑到外国去了，这对我国象棋界来说是严重的人才流失。”乌干达国际象棋联合会副主席基苏泽说，“因为我们经费有限，没办法送选手出国参加各类锦标赛，所以要想提升水平，只能靠我们的棋手互相切磋。”

乌干达每年举行两次国家级的锦标赛，供国家队的队员们大显身手，这个次数要远远低于大部分有棋联的国家。乌干达的棋手们是一个大家庭，大家经常在国家联赛上欢聚一堂，切磋棋艺，却没办法互相推动，使彼此水平快速提升，因为实在太熟悉，每个人的战略和战术互相都了如指掌。平时，这些国家队的队员经常与穆拉戈国王俱乐部和穆拉戈王后俱乐部的队员进行常规比赛。二〇一〇年的国象奥赛队员大部分都来自这两个俱乐部。俱乐部的比赛地点设在坎帕拉最高级的酒店非洲酒店，一到休息时间菲奥娜和其他棋手就会盯着院子中间一个大大的游泳池，好奇地左看右看。

在二〇一〇年国象奥赛上坐镇一台的瓦尼亚玛是乌干达目前水平最高的棋手。他承认自己现在已经有些骄傲自满，不思进取，因为现在国内真的没有谁能挑战他。他两次获得国象奥赛的参赛资格，可是都因国家资金短缺没能参赛。他说，要是有钱的话，他也会住到国外去不再回来。

“乌干达就像一个大茧，把棋手们罩在里边，”瓦尼亚玛说，“他们根本没有机会接触到外面的世界，更没有办法跟其他国家的高水平棋手过招，因为，除了国象奥赛，我们参加不了其他类型的比赛。天花板高悬在每个棋手的头顶，要是你的棋艺长得太快，除了一次次撞得头破血流，什么突破也不会有。”

跟菲奥娜一起参加国象奥赛的四个队友都对自己未来的国象之路产生了怀疑。琼·布廷多于二〇一一年嫁给斯蒂芬·卡武马之后，现已移居英格兰。她说她倒是有兴趣继续参加以后的奥赛，可是这要取决于自己的丈夫对国际象棋还有多大兴趣。艾维、格蕾丝和丽塔是同班同学，已于二〇一一年从坎帕拉的马凯雷雷大学毕业。现在，她们面临的首要任务都是找工作养活自己。

“横在我们面前的障碍太多了，”艾维说，“时间是个问题。金钱是个问题。对待国际象棋的态度是最大的问题。有时想想未来的发展，我会问自己：‘我到底为什么要为象棋受这么多罪？’当初参加各种比赛的唯一动机就是拿奖金，要是输掉第一局，很可能第二天我们就没勇气接着比赛了。对我们来说，最大的敌人其实是我们自己。对待国际象棋，你的态度必须要十分坚定，积极乐观，一点点动摇，一点点气馁，你就完了。现实就是这么残酷。”

跟乌干达大多数女性一样，很少有人鼓励艾维继续从事体育运动，就算是她的家人也不支持。

“我刚开始在国际象棋舞台上崭露头角的时候，我爸爸根本接受不了。”艾维说，“我告诉他我要去俄罗斯参加国象奥赛，他说：‘行，你象棋水平不错，可是我还是希望你把心思都花到学习上。’听了这些话，我真的特别沮丧。就不能说你为我骄傲？就不能不要有‘可是’吗？每一次只要我梦想在国际象棋上有所建树，他都要加上一个‘可是’。如果家人给我支持的话，我的成就可能会大得多。”

乌干达许多非常有天赋的女性棋手一旦结婚，就不得不放弃国际象棋，主要原因还是做丈夫的禁止她们继续下棋。这也解释了跟菲奥娜一起参加比赛的国家队队友们的年龄为什么几乎都不超过二十五岁。对乌干达的女性来说，一到二十五岁这个年纪，就不可能把注意力全部放在国际象棋上了。

对格蕾丝来说，她的注意力已经从国际象棋转到了音乐上，还有一部分精力，她要用来找工作。“我考上了大学，学的是会计专业，虽然这根本不是我的兴趣所在，”格蕾丝说，“我也得干，毕竟我得养活自己啊。在乌干达，要是棋手不再下棋，最常见的理由就是她们要工作。我真的特别想把全部精力放在下棋上，也想把国际象棋当成我的毕生事业，可是，在我们国家，国际象棋不能让你填饱肚子。”

打算当律师的艾维同样看不到国际象棋的未来。

“我不会把国际象棋当成职业，从现实的角度来说，在乌干达光靠象棋能干什么？当个国象教练？还是当个国象老师？做做兼职还行，收几个学生，有时间教教他们。可是，从职业角度来说，还是算了。乌干达的大环境不允许。”

跟格蕾丝一样，丽塔也拿到了会计学位。她憧憬着通过当会计挣些钱，再用这些钱开办一个国际象棋俱乐部，专门教年轻女孩子们下棋。如果时间允许的话，她也想继续参加国象奥赛，不过她清楚地认识到，菲奥娜的情形跟她完全不同。“菲奥娜太可怜了，小时候天天在大街上混，现在还住在贫民窟，所以我从来都把她当成我自己的小妹妹，”丽塔说，“我真的祈求上帝保佑菲奥娜能继续下棋，对她来说，象棋像一束光，照进了她阴暗的生活。象棋更像一把火炬，指引着她走出贫民窟，来到能关心她、照顾她的人身边。每次见到菲奥娜，我就总是跟她说，一定不要放弃国际象棋。”

乌干达还从来没有一个女性棋手获得过国际象棋的头衔。说起以后对国际象棋的规划，这些大姐姐没想着能获得什么称号、什么头衔，只要能多出几次国，她们就满意了。只有菲奥娜想要在国际象棋上表现卓越。她的奥赛队友们也都认为，年轻就是她在国际象棋之路上越走越远的最大资本，而潜能无限的她遇到的最大障碍应该就是她自己。

“要说清楚菲奥娜的棋艺有多高真的很难。有时看她下棋，你会觉得她的水平也就那样，有时再看她下棋，你会感叹：‘我的天呀，这个小姑娘也太有才了吧！’”格蕾丝说，“她的状态一点都不稳定，这很可能跟她从小颠沛流离的生活有关。”

丽塔说：“我认为菲奥娜需要关怀。她需要有人爱她。她需要有人关心她，鼓励她。看着她的时候，我就会想，如果几年之后我能找到一份挣大钱的工作，我就资助菲奥娜到全世界去参加每一个象棋比赛。”

“菲奥娜是个非常棒的棋手，如果她能再自信一些的话，她的水平会更高。”艾维说，“对于一个从贫民窟走出的孩子来说，要让她产生整个世界都被她踩在脚下，她要征服全世界的想法几乎是不可能的。那得胸怀多么宽广的人才能做到？我们都知道菲奥娜的实力有多强。有时我会想，很可能她自己都不一定有我们清楚。”

卡推家家户户的棚屋墙上都贴着各种杂志的封面，这些封面的主要作用是遮盖墙上的破洞。可是，封面上的头像却意义重大。碧昂斯。塞雷娜·威廉姆斯。米歇尔·奥巴马。大多数生活在贫民窟的女孩子根本不知道这些人是谁。可是一旦知道了她们是谁，这些女孩子就想要成为她们那样的人。对菲奥娜和卡推的其他女孩来说，从小到大，生活中没有女性榜样让她们模仿，现实生活中没有，触手可及的更没有，没有诚实可信的女商人，也没有生活稳定的家庭主妇。现在的菲奥娜正处于人生中最敏感最脆弱的时期，最需要有人能给她指导，告诉她如何走入成人世界，可是，她却找不到这样的人。

“菲奥娜正慢慢从一个女孩成长为一个女人，可是她还是穿着宽松的衣服，把自己包裹得严严实实。对贫民窟的单身年轻女性来说，每天的生活都很难熬。”萨迪斯说，“要是菲奥娜有一个女性的榜样，也许能帮她搞明白她到底想要成为什么样的人。”

然而，引导着菲奥娜的似乎是一位男性。更准确点说，是一个幻象。认识菲奥娜父亲的人都会跟菲奥娜说她是她父亲的翻版，都那么强壮，充满活力，遇到挑战都勇往直前。可是菲奥娜却不认识她的父亲。

她对他一点印象也没有，连他长什么样都不记得。哈丽特曾经有一张戈弗雷·布伊恩扎的照片，早就在卡推的一场大水中消失得无影无踪。

“有时候我会想念我的父亲，”菲奥娜说，“比如说，妈妈从我九岁开始就再也没给我买过衣服。要是父亲还在的话，我觉得他肯定会给我买新衣服的。我爱妈妈，更同情她。她为了让我们有饭吃，有地方住，天天忙忙碌碌，我怎么能再向她要钱买衣服呢？可是我相信要是父亲在，这一切都不是问题。”

哈丽特从来没有提过已故的丈夫。除非有时候她的孩子们向她提些她满足不了的要求，她才会气急败坏地说：“你们的父亲给我留一分钱了吗？”

菲奥娜从来不会在母亲面前提起父亲，也不想听她的哥哥姐姐提起他。

“我对父亲一点都不了解，也不想了解，”菲奥娜说，“可是有时候我的哥哥姐姐想要跟我说些父亲的事，他们会提起父亲死之前我们的生活是多么幸福。听了他们的话我会特别难过，多么希望父亲现在还活着。要是他还活着，我们的生活就不会这么痛苦。这就是我一点都不想听到别人提我父亲的原因。”

布伊恩扎留给女儿的除了念想，还有艾滋病的威胁。菲奥娜过了好多年才知道父亲死于艾滋病，这让她开始担心自己。乌干达每年有一百二十万人感染艾滋病病毒，死亡人数超过十万人。多年来，哈丽特都拒绝做化验，因为她害怕万一结果是阳性，背负在她身上的耻辱会让她被社会甚至自己的家人抛弃。现在哈丽特说她这几年已经做了三次化验，结果全部是阴性。哈丽特从来没有跟菲奥娜提过艾滋病毒，所以，等学校开展针对艾滋病的讨论时，菲奥娜对艾滋病的病因几乎一无所知。

“关于艾滋病我知道一点，”菲奥娜说，“要是跟人私通，就可能得艾滋病。要是跟人共用一个注射器，也可能得艾滋病。要是你跟一个人相爱，但是你们没去做血液测试，那你生的孩子就可能得艾滋病。”

菲奥娜明白自己很可能会得艾滋病，不过她从来没有去化验过。在乌干达，不到十八岁的孩子几乎没人去化验是否得了艾滋病。卡滕德鼓励她早点化验一下，这样的话，就算结果是阳性，她也能尽早接受治疗。

菲奥娜知道卡推有十几个人都死于艾滋病。每天，发生在她身边的悲剧层出不穷。象棋项目里有个人，生了莫名其妙的病，先是皮肤颜色发生改变，慢慢地心脏也停止了跳动。她还认识一个女孩，也在象棋项目里学棋，先是被轮奸，紧接着因治疗费用太高被家人抛弃。她还认识另一个在象棋项目里学棋的姑娘，两次怀孕之后，都是她自己用衣撑把孩子流掉，差点因流血过多而死。

“卡推的孩子们处于社会最底层，对大多数乌干达人来说，他们最好老老实实地待在底层。”萨迪斯说，“这是偏见。贫民窟的人是人，这没错，但仅此而已。要是卡推有谁取得了什么成就，这可是大事。所以，菲奥娜取得了这么大的成就，我们一方面为她开心，另一方面，我们也特别担心，不知道她要怎么应对生活中的挑战。她现在已经是十几岁的大姑娘了，在许多人眼里已经到了当妈妈的年纪。每天，她都要想方设法打发走那些想跟她睡觉的男人。菲奥娜的人生太脆弱，卡推又是个堕落的世界。这里就像一个战场，你不可能永远都能躲开子弹。”

可是，只要菲奥娜待在贫民窟，她就要不停地躲避从四面八方射来的子弹，也要不断地清除各种障碍。身为女孩，卡推每天都逼着她往堕落的路上走；身为女孩，她每天都在与命运抗争。亲眼目睹了发生在姐姐身上让人心碎的故事之后，她明白，她必须不停抗争，才能留心不让这样的悲剧在她身上重演。

二〇一一年初，奈特的女儿丽塔被人绑架了。虽然只过去了几个月的时间，可是对奈特来说，每天都是度日如年。奈特实际上并不太清楚女儿消失了多久，她只知道丽塔被带走的时候是四岁，现在肯定长大了许多。到现在依然还没找到。

丽塔被绑架之前的几天，奈特在大街上碰到了过去住在纳提特贫民窟时认识的一个人。这个男人跟她打招呼，又问她："你在哪儿住？"几天之后的一个下午，奈特要去基布耶市场跟母亲一起卖菜，她就把几个孩子放在了家里。那个男人来到她家，给孩子们带了点爆米花当礼物，然后把丽塔抱走了。

"我一回家，我的二女儿温妮就跟我指了那个男人抱着丽塔离开的方向，我赶快去追，"奈特说，"等我找到他平时常去的地方，那里的人跟我说他们听说过这个人，可是这个人早就被人从村子里赶走了。我又找到警察，警察告诉我他们也知道这个人，而且这个人身上还有好几件案子。"

怎么都找不到这个男人，奈特决定去找他老婆。在村里人的帮助下，这个人的老婆被找了出来。奈特把她揪到警察局之后，这个女人承认她丈夫拐走了丽塔，可是现在他已经带着丽塔到了离坎帕拉三百公里远的卡塞塞区。

“警察听到那个女人交代了我女儿被带去的地方，就让她带着我去那里把女儿找回来，”奈特说，“可是那个女人说去那里光交通费都要二十万先令，我要是没钱，根本去不了。于是我到处筹钱，却没筹到。我现在每天都想着我的丽塔，可是我该怎么办？我根本没钱去找她。现在我能做的就是尽最大努力把其他三个孩子照顾好。”

奈特跟两个男人一共生了四个孩子，丽塔是老三。老大叫伊娃，十岁。老二叫温妮，七岁。老四叫格蕾丝，今年才两岁。跟每个男人在一起时，奈特都希望能好好照顾自己的孩子，要是可能的话，也好好照顾母亲和弟弟妹妹。现在她跟哈丽特一起在基布耶市场卖东西，哈丽特把一部分生意转包给她，让她卖咖喱粉和茶叶，自己卖蔬菜。奈特还有一份工作，帮本地一个裁缝卖小孩衣服。裁缝给每件衣服标价一千先令，如果奈特拿到大街上能卖到一千五百先令，差价就归奈特。

奈特现在二十七岁。她的人生之路跟母亲惊人地相似，总是指望着牺牲自己的幸福来养活全家人。为了不让全家人睡大街，奈特放弃了自己的未来，奉献了自己的肉体，从那以后，她的人生之路就越来越坎坷。现在，菲奥娜和当初处在人生岔路口的奈特一样大。哈丽特的这两个女儿，关系让人一言难尽。

“我记得几年前我就跟奈特说：‘别再生孩子了。’因为她每次生孩子，孩子的父亲就不要她们，我们帮不上其他忙，只能让她和孩子们跟我们住在一起。”菲奥娜说，“我们家的食物本来四个人吃都不太够，现在加上奈特和她的孩子，更是雪上加霜，可她还是不停地生。”

奈特觉得菲奥娜根本不了解她的情况，也不懂得自己为家人做出的牺牲，她更担心菲奥娜根本就不尊重她。

“我有时候会给她提些建议，可是我总觉得她挺看不起我的，好像我低她一等一样，”奈特说，“我和她很少见面，因为我住在别的地方。可要是见到她，我就会跟她说：‘菲奥娜，你有机会过更好的生活，一定要好好利用这些机会，我当时就没有这样的机会。你一定要好好学习，你也看到我过的都是什么生活。我是没机会过好日子了，我永远也不可能跟你一样幸福。’每次跟她说，她都会告诉我她什么都知道，可我真不知道她是不是听进去了。我不知道。”

奈特的人生已不可逆转，她的年龄太大，她不可能被卡滕德的象棋项目拯救。多年以前，她以一种截然不同的方式拯救了菲奥娜的生活，现在轮到她的妹妹拯救她的生活了。

“记得有一回，我女儿生病，可是我没钱给她看病，菲奥娜把她下棋赢的钱给了我，我才能把女儿带到医院。”奈特说，“菲奥娜一有钱，就会给我的孩子买各种东西，还跟我承诺，要是可能，她会保证我的孩子们都能上学。有一点是毫无疑问的，每当我遇到严重的问题，只要她手里有钱，她一定是毫不犹豫地帮我。”

问到她对未来有没有什么憧憬时，悲伤包裹了她。“在我看来，我什么希望都没有，”奈特说，“我也没有梦想。我只希望能看到我的孩子们去上学。要是可能，有个自己的住处，好让孩子们找到我。”

问到她对菲奥娜有没有什么期许时，她只说了一句：“希望她不要走我的老路。”

# 第十一章
# 憧憬未来

阿加佩教堂随时都有可能倒塌。教堂摇摇欲坠，朝一侧倾斜，全靠那些东拼西凑的木板、几根绳子和一堆钉子互相牵扯，整个建筑才没有散架。当然，还有信仰。就算是把这栋房子当成垃圾扔掉也不为过，反正教堂周围到处都是没人要的东西。

这是一个周六的清晨。教堂里来了三十七个孩子，跟教堂一样，这些孩子的生活也处于分崩离析的边缘。他们从卡推的各个角落陆续来到这里，来玩一种游戏，一种遇到卡滕德教练之前根本连听都没听说过的游戏。一走进教堂大门,孩子们原本面无表情的脸上突然就绽开了笑容。对他们来说，这里比任何地方都更有家的感觉。这里是他们的避风港，是他们所知的唯一社交场所。这里有他们的朋友，有他们的兄弟姐妹，或许大家没有血缘关系，可是对象棋共同的爱好让他们亲如家人。这里让他们感觉安全舒适，这里也让他们感到安心。这里发生的一切都可预见，这里的竞争只是单纯的输赢游戏，而不再关乎生存与死亡。待在这里，似乎能让人忘掉教堂之外的狼藉与混乱。

二〇一〇年初，卡滕德把已有八年历史的象棋项目从穆格鲁瓦主教办公室的走廊上挪到了阿加佩教堂。教堂里只摆放了七个棋盘，棋子更是残缺不全，经常会出现孤兵代替国王走棋的情形。周日礼拜时当成教堂长椅的板凳摇摇晃晃，两头各有一个孩子，分别跨坐在长凳两端，棋盘摆在两人瘦骨嶙峋的膝盖之间，吃掉的棋子装在衣兜里。不下棋的孩子们都围在自己喜欢的棋手旁边，认真观战。一个五岁的孩子正跟一个十一岁的孩子对弈，五岁的孩子身穿一件破破烂烂的丹佛野马队球衣，球衣背后有个大大的数字 7。十一岁的孩子穿了一件 T 恤衫，写着“我爱巴黎”。有个观赛的孩子身上穿了一件褪色的衬衫，上边有 S.O.I. 棋院的字样。大部分孩子都赤着脚，有几个穿着人字拖，还有一个孩子穿了一双正装男皮鞋，可是却没系鞋带。

这里的孩子下棋节奏都很快，连珠炮似的。要是有谁几秒钟还没走一步，躁动不安的情绪立刻就会弥漫开来。教堂里鸦雀无声，间或会有一声“砰”的声音，表示有人吃掉了对方的棋子；偶尔也会有人因为棋子的摆放位置吵两句，这也难怪，棋盘那么破旧，黑格和白格不仔细看，根本就看不清楚。输的一方把吃掉的棋子往棋盘上哗啦一扔，这盘棋就算结束。在这里，不管是谁赢了棋，都不会大肆张扬，最多就是谦虚地给自己的手下败将提些建议，告诉他应该如何避免类似的陷阱。一般情况下，水平较高的棋手会利用这个机会把自己的棋艺传授给其他孩子。国际象棋是单打独斗的运动，下棋的这些孩子也早已被严酷的生活磨炼得各自为战。可是在这里，他们却意外地学会了合作，他们是一个团队——童之队。每个人都全力以赴让团队变得更好。

菲奥娜径直走了进来，站到哥哥布莱恩的身旁，看他下棋。这个女孩子，刚到象棋项目时，因为全身脏兮兮而被大家唾弃，现在，成了大家的导师。菲奥娜非常有耐心，不管什么时候，只要有人问，她就会不厌其烦地给大家讲她出国的经历。象棋项目里的小孩子们紧紧依偎在她身旁，热切地听她讲话，看她下棋。他们总会问她为什么这样走，为什么那样走，菲奥娜全部耐心解答，还会跟他们说，只要他们努力练习，总有一天，他们的棋艺会超过她。

卡滕德在教堂里慢悠悠地转着，在这个棋盘旁边站站，在那个棋盘旁边看看，有时坐下来下一盘，有时会给下棋的人提点建议，不变的是，他总是不断寻找能教孩子们的话题，象棋也好，人生也罢。这里没有课程表。几个小时之后，几个大点的孩子会自告奋勇用三个锈迹斑斑的炖锅给大家熬粥。熬好粥，盛进碗里之后，没有下棋的孩子们就会排成一排，每人领一碗开吃。正在下棋的孩子继续下棋，什么时候下完棋，什么时候他们才会站起来吃饭。没有勺子，大家就用手吃。好多孩子捧着碗，一碗粥几口就被他们吞下了肚，因为对他们来说，头天吃了同样的一碗粥之后，到现在大家都是粒米未进。

卡滕德坐在几个正津津有味吮手指的孩子中间，应他们的要求，给他们讲大家最喜欢听的故事，故事出自《圣经》，圣彼得的故事。听到教练讲这个故事，其他孩子从教堂的各个角落慢慢围了过来，全都聚在卡滕德周围，听他讲这个大家都听了无数遍的故事。卡滕德一开口，话语犹如布道般意味深长。

有一天，耶稣跟他的门徒在一起，有个名叫圣彼得的门徒居然能在水上行走。当时圣彼得正跟朋友一起坐在船上，这时他们看到耶稣在水上行走。有人就问:“主，你要我过去找你吗？”船上的其他人都害怕，不敢过去，只有圣彼得从船上跨了出来，要到耶稣那里去。这可不是件容易的事。他的这个举动相当惊人，简直是不切实际。明知道一到水里肯定会淹死，你怎么可能还义无反顾地从船上下去，在水面上走呢？可是，这就是奇迹将要出现的时候。他真的能做到。要是圣彼得没有跨出那一步，那就不可能有奇迹的发生。所以，有时候我们需要跨出我们的小船，让奇迹发生。我们不能一动不动，坐等奇迹出现。

看起来我们是一无所有。要是无法拥有内心渴望的东西，那就该开动脑筋想一想:“我应该怎么好好利用我所拥有的呢？”记住，没有人真的一无所有。确实有人天天只知道抱怨，说自己这也没有，那也没有，我曾经有一段时间就这样想。可是现在的问题是，抱怨根本没有用。我们最应该思考的是，怎样充分利用现有的一切，做好该做的事，才能离渴望的生活更进一步呢？你们要是问当初我上学怎么一直有人赞助，我回答不上来，因为我真的不知道。奇迹就这么发生了。可是，奇迹是在我迈出第一步之后才发生的。我借到了一笔钱，开始上学，在学校开始踢足球。第一学期结束，校长说这个小伙子足球踢得挺好，给他发点奖学金吧。所以，好运不是主动找上我的。我得先迈出大胆的一步。第二学期结束后，他们又说这个小伙子足球踢得真不错，有学校要给他全额奖学金让他去那里上学，我们也得给他发全奖，要不他就被别的学校挖走了。你们要知道，我当初上学可不是为了踢足球，我是为了学知识才上学的，然而，就因为我迈出了这第一步，所有这些奇迹才一个接一个发生。要是我没有迈出那第一步，我哪儿都去不了。

永远不要给自己找借口。我就是活生生的例子。之前已经跟大家讲过我过去的悲惨生活。你们觉得自己的生活太过艰辛，那你们是没经历过我过的日子。再看看现在，我不是好好的吗？你们都说“教练家好有钱”，可我现在还没过上想要的生活呢。然而，要是当初我不够努力的话，早不知道沦落到什么地方去了。所以，能过上现在的生活我很欣慰。大家该怎么做取决于你们自己，就算再苦再难也总有出路，问题是，我们该怎么做才能找到出路？

于是圣彼得从船上跨了出来，轻轻松松朝耶稣走了过去。不过对你们来说，学象棋可不是件轻轻松松的事，每个人都得做到勤勤恳恳，甘于奉献，意志坚定，要对自己有信心，更要日复一日地来这里训练。可正因为大家都这么做了，才会有人来到这里，说：“嗨，这些孩子的国际象棋下得这么好，真可惜他们都没学上。既然他们象棋都能下得这么好，要是给他们上学的机会，他们肯定也能把学习搞好。”受教育的机会可不是天上掉下来的。因为你们先迈出了一步，来到这里学棋，大家才有了上学的机会。其他人半途而废，可你们坚持了下来。

如果大家都这么有勇气，有毅力，那就更不需要任何借口了。就算遭遇不幸，可你知道，生活还要继续下去。于是，你调整心情，对自己说：“接下来要干吗？我要继续前行。日子还要过下去。我缺少这个，我没有那个，我一贫如洗，可是，我有什么呢？”无法拥有的东西实在太多，列都列不完。简直无穷无尽。现在，忘掉你没有什么。想都不要想你无法拥有的东西。问问你自己：“我有什么？”给自己列一个拥有之物的清单，再认真评估你自己，问问自己：“我的能力有多大？我能做些什么？我要把自己的能力用在什么地方？”有了答案之后，好好利用自己拥有的能力，来获得想要的东西。奇迹正发生在大家身上，因为你们都有勇气跨出那条船。你们都能在水上行走。

一天，本杰明和伊凡在阿加佩教堂下棋。两人坐在板凳的两头，中间放着棋盘。本杰明告诉伊凡他的梦想是当国际特级大师。

跟本杰明比起来，伊凡相对谨慎些，他说：“本杰明，你知不知道，那些国际特级大师，他们花了特别多的时间训练。而且他们什么设备都有。我们天天连饭都吃不饱，要想成为国际特级大师也太难了吧。”

“我们连苏丹都去过了，还拿了冠军。要搁以前，这种事谁敢想？”本杰明说，“所以，我们为什么不能成为国际特级大师？”

象棋项目里的孩子们有个特点，他们不喜欢强调自己是谁，而更喜欢讨论自己以后想成为谁。他们会憧憬未来。这应该就是阿加佩教堂里的孩子们和教堂之外的孩子们最大的区别。

本杰明跟象棋项目里的大多数孩子一样，靠着波普奖学金的资助上了学。现在的他梦想以后当个博士。伊凡梦想以后当个电信工程师。约瑟夫梦想以后当个银行经理。理查德梦想成为电气工程师。格洛丽亚梦想成为GM。问她什么是GM？这个十一岁的小姑娘承认，她也不知道什么是GM。她只知道象棋项目里的每个人都渴望成为GM，到底这两个字母是什么意思，她真不知道。对她来说，就算不知道GM什么意思也没关系。格洛丽亚想成为GM，结合她非凡的棋艺，还有她才十一岁的年纪，再加上她有这么才华横溢的导师，说不定她真能成为他们中第一个国际特级大师呢。“一想到菲奥娜能去其他国家比赛，而且能赢，我就充满斗志。”格洛丽亚说，“她不但下棋水平高超，人也特别好。她现在就是我的榜样。最开始我是她的老师，现在她是我的老师。菲奥娜相信我能成为一个GM。”

自从布莱恩被自行车撞成重伤之后，他就梦想成为一个医生。“我要是成为医生，以后就能开一家医院。到那时，家里要是有谁需要看病，就不用担心没钱了。到那时，贫民窟的象棋项目肯定还在继续开展，我就有能力资助那些孩子了。他们要是来我的医院看病，我免费给他们治。”

菲奥娜加入象棋项目没多久，弟弟理查德就跟着加入了进来。现在理查德已经十三岁，正在上小学。为了离学校近一点，他总是在象棋项目的储藏室里睡觉。理查德梦想当个电气工程师。

“等我长大，想干的事可多了去了，”先锋棋手之一塞缪尔说，“第一，我想成为医学博士。我想成为国际特级大师，我想成为工程师，我还想成为电影制片人。”

卡滕德听到了他的豪言壮语，笑着说：“塞缪尔，你听说过有人在这么多领域都功成名就的吗？”

塞缪尔的决心一点都没有动摇。“为什么不能呢？”他反问道，“为什么我不能成为第一个这样的人？”

菲奥娜、本杰明和伊凡的成功激励着象棋项目里的孩子们。大家都想坚持下棋，都想进国家队，都想参加以后的奥林匹克团体赛。这些贫民窟的孩子，曾经被国家的象棋组织拒之门外，现在成了乌干达国际象棋的中坚力量和璀璨未来。

“过不了几年，我相信国家队的队员都会是罗伯特教练的孩子们。”戈弗雷·加利说，“那些受正统训练的有钱人家的孩子们根本打不赢他们，还跟我抱怨说，自己受的训练比不上这些贫民窟的孩子。我相信以后参加奥赛的话，派出的队员肯定都是贫民窟的孩子。生活的艰辛逼得他们不得不努力，他们下棋时那孤注一掷的感觉，在其他任何人身上都感受不到。对他们来说，下棋时够不够拼，直接决定了那天晚上有没有饭吃。”

卡滕德象棋项目里的孩子们大部分都雄心勃勃地想要追随教练的脚步，也教人下棋。他们想通过象棋拯救贫民窟里跟他们一样的孩子，这是他们向教练学习、向教练致敬的方式。

“我想教特别特别多的孩子下棋。记得以前教练让我教本杰明下棋，你看现在本杰明下棋的水平多高，人也变得特别好。”伊凡说，“这个成功的事例特别鼓舞我，我觉得我也能跟罗伯特教练一样，教出许多优秀的棋手。”

卡滕德也有梦想。结合他和菲奥娜的实际经验，还有菲奥娜在纳尔亚庄园的孩子们身上取得的成果，卡滕德渴望开一家棋院，让象棋项目的孩子们教有钱人家的孩子们下棋。而棋院只是他梦想的一部分。对他来说，最终极的梦想是开办一家儿童之家，专门照顾那些无家可归的孩子、无父无母的孩子、遭受虐待的孩子，当然还有象棋项目的孩子，让他们感受家的温暖。

几年前，卡滕德因为缺乏资金，无法赴阿根廷、丹麦和越南，参加那些对他感兴趣的足球俱乐部的选拔赛，而错失了当职业足球运动员的机会。现在，足球已不再是他的梦想，他也不再幻想着在绿草如茵的球场上踢球，偶尔要是能在好消息足球俱乐部踢上几场，就是他最大的满足。

中学二年级时，为了上学，他每天要走五公里路。有一天，他跟一个朋友说："我们一定要努力学习，这样我们的孩子才不会走我们走过的路。我一定不会让我的孩子吃我吃过的苦。"为了这个承诺，他把毕生精力都投入了进去。

二〇〇八年，把足球项目交给超越体育基金会的其他牧师管理之后，卡滕德全力以赴地投入象棋项目，在坎帕拉的贫民窟继续扩大规模。随后，在卡兹的帮助下，卡滕德把象棋项目带到了超越体育基金会在乌干达古卢地区的另外一个总部。二〇一〇年，共有四十位棋手参加了在那里举行的第一届象棋锦标赛。锦标赛由先锋棋手之一的杰拉尔德组织，现在的杰拉尔德就相当于古卢的罗伯特教练。

内心怀有一丝希望，有人伸出一只援手，感受稳定安逸的生活，这些看似不起眼的小事能对一个人的命运产生多大的影响，三十岁的卡滕德深有感触。

“我这一生经历了各种各样的生活，”卡滕德说，“跟外婆一起时衣不蔽体，食不果腹。离开外婆后，我跟母亲一起在贫民窟租房住，生活相对安稳。母亲死后，我搬到阿姨家住，阿姨家的条件比我之前的生活要好得多，我见识了太多从没见过的东西。我问自己：‘原来还有人过着这样的生活吗？’跟外婆一起时，要是下雨，我就拿张香蕉树叶裹住身子遮雨，可是洁森特阿姨家有汽车，一下雨，他们就开车上学。当时我就发誓要不惜一切代价过上这样的生活。这个念头应该就是我的原动力，我想让这群孩子们跟随我的指引，憧憬更好的生活。”

为了实现这个目标，卡滕德邀请菲奥娜和象棋项目的其他孩子，一起见证他人生当中的重要时刻，这样他们就能亲眼看到正常的生活是什么样子。“初次去我妻子家登门拜访时，我带了四个孩子跟我一起，”卡滕德说，“我想让他们感受这一切。要是不让他们跟我来，只跟他们说：‘你们要耐心等待，等缘分到了，你们自然会遇到合适的人跟你结婚，也会去你的妻子家登门拜访的。’这些话说起来轻松，但听起来苍白无力。他们会问：‘教练，那这些事你都做到了吗？’现在，他们亲眼所见，一目了然。见证了这一切之后，他们跟我说，他们也想要这样的生活。”

二〇一〇年六月卡滕德结婚时，象棋项目里有二十个孩子参加了他的婚礼，新娘是萨拉·恩通戈。三年前，萨拉是坎帕拉特殊教育学校的义务教师，学校跟超越体育基金会共用一个院子，两人因此相识。婚后他们在离卡推不到三公里远的门戈-隆古加区租了栋只有两个房间的小房子，学校一放假，卡滕德总是会邀请许多孩子来他家，跟他和萨拉共度假期。

卡滕德平时也会力所能及地给亲戚们提供金钱上的帮助。

“罗伯特就是我的上帝。”卡滕德的外婆纳穆西西说。纳穆西西觉得自己已经九十三岁高龄,现在仍旧跟亲戚们一起住在卡苏比贫民窟。“这孩子一直都在照顾我。他照顾我们所有人。我们的所有好东西都是他带来的。”

卡滕德现在是整个家族的骄傲。洁森特阿姨和德兹阿姨起居室的墙上分别在最引人注目的地方挂着一个相框，里边镶嵌着卡滕德大学毕业时身穿学士服、头戴学士帽的毕业照。

“我相信罗伯特的母亲正在天上看着他呢，看到罗伯特这么有出息，她肯定特别开心。”德兹阿姨说，“她死的时候很难过，一直哭，因为她舍不得儿子，可是，上帝的安排谁也拒绝不了啊。罗伯特的妈妈临死之前跟我说：‘我可怜的儿子。我不想让他变成小流氓，我也不想让他变成小偷。我想让我的儿子以后成为一个让国家骄傲的人。’看看罗伯特为这些孩子付出的心血，我想她应该含笑九泉了。”

卡滕德第一个孩子出生的场面非常戏剧性。妻子已经进了产房，可是孩子就是不肯出来。医生说他们只给萨拉半个小时的时间，如果半个小时之后还生不出来，那就要进行剖腹产手术。一听要进行剖腹产，卡滕德十分痛苦，因为他根本拿不出昂贵的手术费。三十分钟过去了，萨拉的肚子还是一点动静也没有，不过，医生也没来。又过了三十分钟，医生过来正要推着萨拉进手术室的时候，她突然开始阵痛，顺利分娩，省下了手术费的钱，也避免了家人陷入因缺钱而做不起手术的境况。卡滕德的女儿出生于二〇一一年四月二十六日。

他给她起名叫默茜。

乌干达有句老话:“女儿就是赔钱货。”所以，许多乌干达人都把女儿当成娘家的私有财产，当成收彩礼的手段。结婚时，一个女孩子往往能为父母家换来几头牛，这也就难怪那么多乌干达男人都把女人当成自己的私有财产了。有些当父亲的甚至不让女儿结婚，除非他们为女儿找到一个有钱人，能出得起养活新娘一家人的彩礼，才会把女儿嫁出去。

乌干达的女性没有做梦的权利，这是一个男性主导的社会。所以，菲奥娜能取得这么大的成就，每一步都离不开男人的支持。

多年以前，卡滕德找到穆格鲁瓦主教，想要借用他办公室外的走廊当象棋项目的训练场地。当时穆格鲁瓦主教根本没听说过国际象棋。

“我根本没想到这个象棋项目居然能一直坚持到现在，”穆格鲁瓦说，“看那些孩子一坐几个小时都不动，我还以为这就是在教他们偷懒呢。后来发生的事真是让人震惊。菲奥娜因为象棋下得好而走出了卡推，这是在告诉所有的孩子，就算长在贫民窟，他们也不是废物，不是被遗弃的群体，更不是迷惘的一代。这些孩子只不过是缺少指引，因为身边根本没有成功的人让他们效仿。现在，菲奥娜成了他们的榜样。生活在我们这里的孩子们都以为自己如蝼蚁一般，可是菲奥娜的成功却告诉大家每个人都可以成为举足轻重的大人物。菲奥娜是我的英雄，我相信，有一天她也会成为全乌干达人心中的英雄。”

卡滕德笑着讲起了一件事。几年前，哈丽特的邻居们因为害怕姆宗古，都坚决不让自己的孩子加入象棋项目；几年后，还是这些邻居，扭扭扭捏捏地找到哈丽特，托她帮忙问问，自己的孩子能不能也跟着学棋。他承认，象棋项目能产生这样轰动的效果是他之前没料到的。这也不是他的本意。他的本意很简单，就是要找一个能跟不愿踢球的孩子们交流的平台。现在，这个平台居然给孩子们提供了有可能逃出贫民窟的途径。

“坦白说，我根本没想到菲奥娜能进国家队，”卡滕德说，“因为我从没想着把菲奥娜培养成一个在国际象棋上多么有建树的人，我的初衷就是把我的信仰分享给她，让她成为一个有素质的公民，看她的人生因敬畏上帝而发生改变。现在，我发现，她的能力远不止于此。”

二〇〇六年波普奖学金开始资助她上学之前，菲奥娜有整整两年的时间没学上，剩下四年也是断断续续地没学到什么东西，所以现在她在圣-姆布加中学只上到中二（S2），离毕业还有四年时间。菲奥娜的学习成绩不错，在班里排名前百分之二十，卡滕德相信，要是她继续专心学业，等到毕业该上大学时，很有希望拿到政府的奖学金，就跟当初的自己一样。

“我希望菲奥娜明白一个道理，要想走出贫民窟，光靠努力学习不行，光靠磨炼棋艺也不行，必须要把两者结合起来，”卡滕德说，“对大部分孩子来说，要是问他们上完中学之后准备干什么工作，没人知道。乌干达的孩子们根本没有条件也没有门路接受工作培训。学习好根本不管用。你得有敲门砖。在乌干达，重要的不是看你会什么，而是看你认识谁。没有敲门砖的人不知道该如何在这样的社会生存下去，可是对菲奥娜来说，象棋就是她的敲门砖。这也是她唯一的优势。”

“我们的规划是先让她通过象棋走出贫民窟，她的生活就能大为改善，这些改善看在其他孩子的眼里，就会深受影响。”萨迪斯说，“如果菲奥娜成功逃离贫民窟，其他孩子一定会追随她的道路。如果他们也能找到出路，他们就会想要帮自己的兄弟姐妹和亲朋好友也走出贫民窟，最后，他们的孩子们就能彻底摆脱贫民窟。对孩子们来说，象棋项目的存在，不仅仅帮他们提高了棋艺，还给他们提供了教育机会，提供了工作的门路，最重要的是，让他们有条件过上幸福的家庭生活。现在这里有四十个孩子，假设一下，‘要是有二十个孩子考上了大学，那就意味着以后会有二十个受过教育的父母,他们的孩子就会过上更好的生活。’”

虽然卡滕德也希望菲奥娜能利用象棋开拓一条通往贫民窟之外的通途，好让其他孩子们紧紧跟随，可是，现实不容乐观。对菲奥娜来说，要想做到这一点，她的象棋水平必须要能让她在国际舞台上取得前所未有的成功。

“这条道路崎岖难行。”卡滕德承认，“除非菲奥娜现在突然有机会接受更高水平的训练，否则，就算她再刻苦再努力，也不一定能赶上世界顶尖高手的水平。要是能拿到赞助,我相信她一定可以达到更高水平。可是，这只是白日做梦。明知不可能实现，所以，有时候我提都不愿提。不过呢，我们还是得保有信仰继续前行。看看我们现在取得的成就，要是放在过去，估计想都不敢想，所以还是要对未来充满希望。当然，谁也不知道以后会怎样，因为有太多问题悬而未决。”

她下棋要是没有水平更高的教练指导，还能进步吗？

她下棋要是不学教程，不用电脑，还能进步吗？

她下棋要是没有赞助的话，还能进步吗？

她真的能成为一个国际特级大师吗?

她的故事有这么多人关注，这会让她成为卡推的受害者吗?

她能抵制住诱惑，不过早当妈妈吗?

她要是得了艾滋病，还有精力奋斗吗?

她真的能走出卡推吗?

她在外边能立足吗?

菲奥娜的人生之路最迷人之处就在于，她的未来有无限可能。就算她成功逃离了卡推，历史也早已证明，她的拼搏才刚刚开始。无数人曾离开卡推，最后又都回到原点。菲奥娜能打破这无限循环的桎梏吗?

“菲奥娜身上有两股方向完全相反的力量在牵扯着她，让她进退两难。”萨迪斯说，“她要想成功，最可行的方法就是快刀斩乱麻，彻底脱离贫民窟的生活。这比人们想象的要难得多。她太敏感，跟家庭脱离关系几乎不可能，所以她的家人很可能会强迫她留在原地。就我所知，你不可能把一个人拉出贫民窟，只能肩并肩走出贫民窟。菲奥娜可以跟罗伯特肩并肩走出贫民窟，可是，她却没办法把她姐姐拉出去，也没办法把她母亲拉出去。要是她们不愿意离开，说不定还会把她再拉回去。”

萨迪斯和卡滕德都担心的一个问题是，菲奥娜成了别人的榜样，可是她的生活中却没有榜样让她学习。菲奥娜越大步流星地远离过去的生活，留给他俩填补的空隙就越多。

“菲奥娜越来越清楚自己天赋异禀，也越来越有兴趣好好利用自己的天赋，”萨迪斯说，“她开始问我们各种各样的问题，像是‘要是我在大城市工作，我该干什么’，或是‘你们是怎么购物的’，真是有意思。

她这是在搜集信息。有史以来第一次，她开始问与未来生活相关的问题，她的母亲回答不了的问题。哈丽特无法做她的人生导师。她自己的生活难以为继，所以她不想让自己的女儿生活得跟自己一样，可是，她所拥有的现实经验却不足以给女儿提供真正的帮助。”

跟大多数卡推的居民一样，哈丽特曾经梦想过离开卡推，可是现实的残酷让她没有办法过上比前人更好的生活。来到卡推的时候，她还是个小孩，之后再也没有离开。她从来没有见识过“就在那儿”以外的世界。哈丽特只想做上帝的忠实奴仆，她希望自己的女儿也能跟她一样。

“我希望菲奥娜做的事情能让上帝高兴，”哈丽特说，“我也非常肯定要是她继续下棋，她就能遇到更好的人，过上更好的生活。”

当问到她相不相信菲奥娜能够脱离卡推，她停了一会儿，然后说：“我从来没想过这个问题。”

菲奥娜处在整个世界的最底层。身为非洲人，在全世界人民面前低人一等。身为乌干达人，在整个非洲人面前低人一等。身为卡推人，在乌干达人面前低人一等。身为女孩，在卡推人面前更是低人一等。

问到她有什么梦想时，菲奥娜思考了好久，好像要把问题里的每一个字都在脑海中细细品味。“好了，我觉得我的梦想是好好学习，好好下棋，多挣些钱，好养活我的家人，”菲奥娜说，“这是我最初的梦想。”

菲奥娜梦想有一天能嫁给自己喜欢的人，真正意义上的结婚，而不是跟母亲和姐姐一样，自以为是“已婚”妇女，可根本没人承认。菲奥娜想要有自己的孩子，不过她跟家里人发誓说，一定要到多年之后，等她和丈夫有足够的经济保障再生孩子。“这个梦想要想实现得要好多年呢。”菲奥娜说，“我希望生两个孩子，一个男孩，一个女孩。不过在生孩子之前，我一定会计划好，不像在家里，大家不管能不能养活，只管生。对我来说，我希望能好好照顾我的孩子们。”

菲奥娜梦想有一天能当上国际特级大师。考虑到前方有太多障碍，卡滕德提醒她别忘了，要有退而求其次的打算。

菲奥娜梦想有一天当个护士。哈丽特知道了之后，双手放在心口，自豪地笑了。“菲奥娜从来没跟我说过，”哈丽特说，“有一天我们在家坐着聊天，我说起过年轻时曾经想当护士的事，因为护士们看起来那么和善，她们的行为举止也总是让我心情舒畅。我是不可能实现这个梦想了，现在上帝要通过我的女儿帮我实现梦想。”

菲奥娜最喜欢晚上跟哥哥布莱恩和弟弟理查德一起躺在家里，梦想未来。他们最喜欢谈论的一个梦想就是要为家人建一座大房子。一个不会发洪水的地方。一个不用整日担心怒气冲冲的房东会来敲门的地方。一个属于他们自己的地方。

“我有一个梦想，一个最渴望实现的梦想。”菲奥娜说，“我想要住在一所大房子里，在那里，所有吃过的苦、受过的罪、经历过的困难与挫折都将消失无踪。”

讨论了一次又一次之后，三个孩子终于在脑海里设计出了这所房子的蓝图。房子要有八个房间，每个房间都有大大的玻璃窗；一个餐厅，餐桌上摆着鲜花；要有起居室，里边摆着舒服的大沙发和椅子；每个人都会有自己的卧室，有自己的床。房子不能有楼梯，因为到时候哈丽特可能会上不动楼。房子要有大大的院子，里边种满了大树，奈特的孩子们可以在那里肆意玩耍。房子四周有围墙，有安全门，地上铺着瓷砖，从大门一直铺到屋门前，这样客人就不会踩到泥土带进屋里。天花板上有吊扇流通空气，卫生间有自动冲水的坐便器，起居室有可以播放数字影碟的电视机。屋里还要有水龙头，有电灯，有冰箱。三个人有一点没有统一，那就是到底要不要在家里建一个游泳池。

“我们的梦想是让家里人过上更好的生活，我们应该过更好的生活，”布莱恩说，“所以我们都想要一个能让我们感到安全的地方。”

只有一个问题还没有定下来，那就是房子应该建在什么地方。

“房子建在哪里根本不重要，”菲奥娜说，“只要不在贫民窟，只要房子属于我们，在哪里又有什么关系？”

布道已结束，粥碗也已洗干净收好。傍晚的暴雨敲击着阿加佩教堂的屋顶，洪水开始在卡推泛滥。孩子们坐回棋盘旁，继续下棋。

卡滕德还没走，现在比他预计的回家时间已经晚了许多。跟他一样没走的有伊凡、本杰明、塞缪尔、理查德、布莱恩和小格洛丽亚。布道坛旁边坐着十六岁的菲奥娜，世界上水平最高的棋手之一，正同时跟三个人下着三盘棋，每盘棋她都占了上风。菲奥娜不动声色，一点一点逼退她的小对手，手段无情，却又十分照顾对手的感受。脑中计划着下一步棋，脚趾却在地上的尘埃中画了一朵盛放的小花。

# 致 谢

每每跟人讲起菲奥娜·穆特希的故事，对方问的第一个问题一定是：“你是怎么听说这个姑娘的？”

把菲奥娜的故事分享给我的那位先生叫特洛伊·布德尔。他偶然看到了一个名叫罗德尼·萨迪斯的人写的文章，文章登载在超越体育基金会的时事通讯上，讲的是三个贫民窟的孩子去苏丹参加象棋锦标赛拿到冠军的故事。布德尔大致看了一下这个故事，就把整本时事通讯扔到了垃圾桶里。当日晚些时候，他从垃圾桶里把那篇文章又扒了出来，原因很简单，这个故事一直在他脑海里萦绕，挥之不去。布德尔跟我说同样的情形后来又出现了好几次，直到二〇一〇年三月的一天，他去参加一个会议，正好我在那个会议上发言。会后，布德尔找到我，给我讲了菲奥娜非同寻常的故事。为此，我怎么感谢他都不为过。

我立即草拟了一个写作计划寄到了 ESPN 总部，计划落到了《ESPN

杂志》才华横溢的主编J.B.莫里斯手里。在莫里斯的安排下，我于二〇一〇年九月飞往乌干达与菲奥娜见面。到达阿加佩教堂几个小时之后，我意识到，菲奥娜的故事要比一篇登在杂志上的文章复杂得多。因此，就有了这本书。

在乌干达的贫民窟统筹安排各种采访，简直让人胆寒，要是没有罗伯特·卡滕德付出的巨大心血，这本书很可能就不会面世。卡滕德不但花了无数时间把他自己的成长经历讲给我听，不辞辛苦地帮我安排与书中所有人物的会面，交谈过程中还全程担任我的翻译。自二〇一一年八月最近一次去坎帕拉之后，我跟罗伯特经常通话，无论大事小事，从某个比赛的结果到相关历史研究再到照片的拍摄，全都找他帮忙。万分感谢，罗伯特。

我要由衷感谢哈丽特·纳库和她的孩子们，还要感谢所有我在乌干达采访期间有幸与之交谈的人们。虽然他们的名字没有办法在这里一一列出，可是他们的勇气让人感动，要是没有他们，这个故事根本无法完整讲述。我还要向美国的一位国际特级大师帕特里克·沃尔夫表示感谢，感谢他无私地跟我分享他的专业知识。感谢拉斯·卡尔，感谢罗德尼·萨迪斯，感谢诺姆·波普和特里西亚·波普，首先要感谢他们对本书的贡献，更重要的是，我要感谢他们为帮助乌干达人民已经付出的和将要付出的努力。

十分感谢我的编辑，斯克瑞伯纳出版社的保罗·威特拉齐，用他卓越的天分帮我把故事从粗糙繁杂的材料中打磨雕琢了出来。还要感谢他的同事们，西蒙与舒斯特出版集团的南·格雷厄姆、苏珊·摩尔多、罗兹·利佩尔、劳伦·莱维尔、布莱恩·贝尔菲利奥和雷克斯·博诺梅利。还要感谢我的经纪人，克里斯·帕里斯·兰姆，我从他那里受益良多，正因为他对这个乌干达棋手的故事表现出的喜爱，我才有勇气继续写下去。

当然，我更要感谢我的家人，我的爱妻达娜，我了不起的孩子们，阿提克斯和索耶，还有我所有的亲人们。过去的两年，我的身心全部倾注在这本书上，虽然肉体还在家里，可灵魂早就跑到了乌干达。感谢你们对我的包容。

最近一次前往乌干达的经历我永世难忘。每晚，我都会坐在坎帕拉教皇保罗纪念酒店的阳台上，跟罗德尼·萨迪斯一起，陶醉于慢慢呈现在我眼前的故事情节之中。睡觉之前，我们会分享自己最喜欢的精彩瞬间，萨迪斯给这些瞬间起了个名字，叫“每日亮点”。非常感谢他总是能从每个采访中找到幸运的点，而我却总是对这些亮点视而不见。

最后，我要把我所有的谢意送给菲奥娜·穆特希，感谢她对我的信任，把如此不平凡的故事讲给我听，写进这本书。她的英语水平正不断提高，所以，希望在不久的将来，她就能够亲自阅读这本书。菲奥娜的语言能力每天都在进步。我也在持续跟进她的故事，定期跟卡滕德交流，为将来的后续报道做准备。我知道，菲奥娜身上还有许多亮点等我发现，我迫切地想知道接下来会发生什么。

图书在版编目(CIP)数据

黑与白的奇迹 /（美）蒂姆·克罗瑟斯著；宋琦译．－海口：南海出版公司，2019.7

ISBN 978-7-5442-9592-5

Ⅰ．①黑… Ⅱ．①蒂… ②宋… Ⅲ．①菲奥娜－传记
Ⅳ．①K834.265.47

中国版本图书馆CIP数据核字（2019）第065075号

著作权合同登记号 图字：30-2019-029



**黑与白的奇迹**
〔美〕蒂姆·克罗瑟斯 著
宋琦 译

出　　版 南海出版公司 (0898)66568511
　　　　 海口市海秀中路51号星华大厦五楼 邮编 570206
发　　行 新经典发行有限公司
　　　　 电话(010)68423599 邮箱 editor@readinglife.com
经　　销 新华书店

责任编辑 侯晓琼
特邀编辑 聂 斌 汤 胜
装帧设计 朱 琳
内文制作 田晓波

印　　刷 三河市三佳印刷装订有限公司
开　　本 880毫米×1230毫米 1/32
印　　张 8.75
字　　数 190千
版　　次 2019年7月第1版
印　　次 2019年7月第1次印刷
书　　号 ISBN 978-7-5442-9592-5
定　　价 45.00元